Hans-Jürgen Kratz

Delegieren – aber wie?

Hans-Jürgen Kratz

Delegieren – aber wie?

- Persönliche Entlastung
- Mitarbeiter motivieren
- Potenziale nutzen

Die Deutsche Bibliothek – CIP-Einheitsaufnahme

Hans-Jürgen Kratz:
Delegieren – aber wie? : persönliche Entlastung, Mitarbeiter motivieren, Potenziale nutzen / Hans-Jürgen Kratz. – Offenbach : GABAL, 1999
ISBN 3-89749-001-3

Lektorat: Elke Güldenstein, Reinbek b. Hamburg
Cover: image team, Bremen
Titelillustration: Udo Leuchtmann, Bremen
Textillustrationen: Erik Liebermann, Hagen-Riegsee
Satz und Layout: image team, Bremen
Druck: Salzland Druck, Staßfurt

© 1999 GABAL Verlag GmbH, Offenbach

Alle Rechte vorbehalten. Vervielfältigung, auch auszugsweise, nur mit schriftlicher Genehmigung des Verlages.

Verlagsinformationen:
Jünger Service, Schumannstaße 161, 63069 Offenbach
Tel.: 0 69 / 84 00 03-22 (-0)   Fax: 0 69 / 84 00 03-33

Inhaltsverzeichnis

Vorwort 6

1. Wie ist es um Ihr Delegationsverhalten bestellt? 8

2. Welche Vorbehalte werden der Delegation entgegengebracht? 13

3. Welche Gründe sprechen für eine verstärkte Delegation? 32

4. Was ist unter Delegation zu verstehen? 61

5. Welche Aufgaben sollten Sie delegieren, welche nicht? 68

6. Wie gehen Sie behutsam, durchdacht und schrittweise beim Delegieren vor? 83

7. Was ist bei einmaliger (fallweiser) Delegation zu beachten? 130

Ausblick 137

Stichwortverzeichnis 139

Vorwort

Delegation als eine der wirksamsten Managementmethoden

Nahezu jede Führungskraft kennt den Begriff der Delegation. Dies verwundert nicht, zumal Fachleute die Delegation als eine der wirksamsten Managementmethoden bezeichnen, sie zuweilen gar als Allheilmittel betrachten. Erfahrungsgemäß klaffen jedoch zwischen dem flüchtigen Kennen einer Führungstechnik und ihrem wohl überlegten und erfolgreichen Einsatz in der täglichen Praxis Welten.

Sie wollen etwas ändern

Dies ist Ihnen bewusst geworden und es hat sich vermutlich bei Ihnen das Gefühl eingestellt, in Ihrem Berufsalltag etwas verändern zu sollen. Sie vertreten zudem die Auffassung, dass die Aufgaben eines Arbeitsplatzes nicht unabänderlich sind. Der Ausspruch des Philosophen Heraklit „Panta rhei" (alles fließt) hat gerade in der heutigen Zeit mehr denn je Gültigkeit. Aus dieser Erkenntnis heraus erwarben Sie dieses Buch in der Hoffnung, möglichst umgehend manches in Ihrem Arbeitsleben anders – vorrangig jedoch besser – gestalten zu können.

Notieren Sie die Essentials

Sie finden in diesem Buch viele Denkanstöße, Schlussfolgerungen und Handlungsempfehlungen für den Praktiker „vor Ort". Um sich selbst die Umsetzung in den eigenen Arbeitsalltag zu erleichtern, empfehlen wir Ihnen, sich die wichtigsten Punkte in einem Auswertungsbogen mit folgender Unterteilung zu notieren:

Buch-seite	Wichtige Anregung in Stichworten	Erledigungs-termin

Bei der Umsetzung unserer Empfehlungen werden Sie möglicherweise von manchen lieb gewonnenen Verhaltensweisen Abschied nehmen und sie durch neue Erfolg versprechende Verhaltensweisen ersetzen. Diese von Ihnen gewollten Veränderungen nehmen Sie bewusst in Kauf, denn Sie nähern sich so dem anvisierten Ziel, sich selbst, Ihre Mitarbeiter und Ihren Betrieb durch verstärkte Delegation erfolgreicher zu machen.

Alte Verhaltensweisen durch neue ersetzen

Zugunsten einer besseren Lesbarkeit haben wir uns beim Schreiben auf die gebräuchlichere männliche Form beschränkt und auf Doppelbezeichnungen (z. B. der Vorgesetzte/die Vorgesetzte) verzichtet. Ich bitte die Damen sich dennoch angesprochen zu fühlen.

Viel Erfolg wünscht Ihnen

Ihr

Wie ist es um Ihr Delegationsverhalten bestellt?

Testen Sie Ihre Bereitschaft und Fähigkeit zur Delegation

Bevor Sie künftige Veränderungen planen, machen Sie sich zunächst bewusst, von welchem Punkt aus Sie starten. Unterziehen Sie sich deshalb bitte ohne Mogelei einem kleinen Test, mit dem Ihre Bereitschaft und Fähigkeit zur Delegation ermittelt werden soll:

Testen Sie Ihr Delegationsverhalten

1. Nehmen Sie hin und wieder Arbeit mit nach Hause, die Sie während der Arbeitszeit nicht geschafft haben?
   Ja ☐   Nein ☐

2. Wenden Sie Zeit für Routineaufgaben auf, welche eigentlich auch Ihre Mitarbeiter erledigen könnten?
   Ja ☐   Nein ☐

3. Widmen Sie sich Tätigkeiten oder Problemen, die Sie in Ihrem vorigen Verantwortungsbereich zu erledigen bzw. zu lösen hatten?
   Ja ☐   Nein ☐

1. Wie ist es um Ihr Delegationsverhalten bestellt?

4. Setzen Sie sich mit Arbeiten auseinander, die Ihnen Freude bereiten, die aber auch Ihren Mitarbeitern übertragen werden könnten?
Ja ☐   Nein ☐

5. Müssen Sie sich abmühen, Termine einzuhalten?
Ja ☐   Nein ☐

6. Ist Ihr Schreibtisch überhäuft, wenn Sie einige Tage nicht in der Firma waren?
Ja ☐   Nein ☐

7. Haben Sie Schwierigkeiten, sich Zeit und Ruhe für wirklich wichtige Aufgaben zu nehmen?
Ja ☐   Nein ☐

8. Nehmen Sie immer wieder einmal Mitarbeitern Arbeiten ab, welche diese nicht bewältigen?
Ja ☐   Nein ☐

9. Arbeiten Sie durchschnittlich länger als 40 Stunden in der Woche?
Ja ☐   Nein ☐

10. Wollen Sie möglichst an allem beteiligt sein und über alles informiert werden?
Ja ☐   Nein ☐

Sie gaben selbstkritisch ☐ Ja-Antworten.

1. Wie ist es um Ihr Delegationsverhalten bestellt?

Auswertung

0 bis 2 Ja-Antworten

Herzlichen Glückwunsch! Herzlichen Glückwunsch, Sie sind ein ausgezeichneter Delegierer! Sie gleichen dem Feldherrn Wallenstein, den *Schiller* im gleichnamigen Drama wie folgt charakterisiert:

*„Und eine Lust ist's, wie er alles weckt und stärkt und neu belebt um sich herum,
wie jede Kraft sich ausspricht, jede Gabe gleich deutlicher sich wird in seiner Nähe!
Jedwedem zieht er seine Kraft hervor, die eigentümliche und zieht sie groß.
Läßt jeden ganz das bleiben, was er ist; er wacht nur d'rüber, daß er's immer sei am rechten Ort.
So weiß er aller Menschen Vermögen zu dem seinigen zu machen."*

Sollten Sie weder wissensdurstig noch neugierig sein, können Sie dieses Buch aus der Hand legen und sich Ihren Tagesgeschäften zuwenden. Sollten Sie sich aber zum Weiterlesen entschließen, werden Sie mit zusätzlichen Informationen zum Thema Delegation belohnt. Vermutlich gibt es auch für Sie noch unausgeschöpfte Möglichkeiten des Dazulernens und der Verbesserung. Sie wissen doch:

Das Bessere ist der Feind des Guten!

1. Wie ist es um Ihr Delegationsverhalten bestellt?

3 bis 4 Ja-Antworten
Als durchschnittlicher Delegierer werden Sie sich nicht mit Durchschnittlichem begnügen wollen. Um ein ausgezeichneter Delegierer zu werden, entnehmen Sie diesem Ratgeber viele verwertbare Denkanstöße und verbessern danach Ihr Führungs- und Leistungsverhalten in wichtigen Punkten.

Begnügen Sie sich nicht mit Durchschnittlichkeit!

Mehr als 4 Ja-Antworten
Bei Ihnen ist positives Denken angesagt: Ihnen eröffnen sich nach intensiver Lektüre unseres Buches vielfältige Möglichkeiten, nach behutsamem, durchdachtem und schrittweisem Vorgehen die Delegation für sich, für Ihre Mitarbeiter und für Ihr Unternehmen Erfolg versprechend zu praktizieren.

Üben Sie sich in positivem Denken!

Sicherlich wollen Sie nicht dem Werksleiter in der folgenden Anekdote nacheifern:

John D. Rockefeller, der Begründer des bekannten Ölkonzerns in den USA, besuchte eines Tages unangemeldet eines seiner zahlreichen Werke. Als er den Werksleiter in dessen Büro aufsuchte, war dieser gerade mit dem Diktieren eines Briefes beschäftigt.

Eine lehrreiche Anekdote

„Lassen Sie sich nicht stören", meinte Rockefeller, nahm Platz und hörte dem Diktat zu.

Als der Werksleiter geendet und die Sekretärin das Zimmer verlassen hatte, sagte Rockefeller: „Ich müsste Sie jetzt eigentlich entlassen, denn Sie stehlen mir mein Geld."

„Wie können Sie so etwas behaupten", rief der Werksleiter empört.

1. Wie ist es um Ihr Delegationsverhalten bestellt?

Rockefeller antwortete: „Sie haben soeben einen Brief diktiert, den zweifellos einer Ihrer Mitarbeiter hätte erledigen können. Dieser aber verdient im Gegensatz zu Ihnen höchstens 3.000 Dollar im Jahr. Sie verdienen das Vierfache, sind damit aber auch verpflichtet, andere Aufgaben zu erfüllen. Wenn Sie sich mit weniger qualifizierten Arbeiten wie zum Beispiel diesem Diktat beschäftigen, können Sie Ihren eigentlichen Aufgaben nicht mehr nachkommen. Das Geld, das ich Ihnen zahle, ist damit zum Fenster hinausgeworfen."

Welche Vorbehalte werden der Delegation entgegengebracht?

Vermutlich gehörte der Werksdirektor in der voranstehenden Anekdote zu den chronisch überlasteten Führungskräften, die regelmäßig einen randvollen Arbeitstag haben und sich auch noch Arbeit mit nach Hause nehmen, zu der sie im Trubel des täglichen Geschehens nicht gekommen sind. Die üblichen Tagesprobleme stehen im Vordergrund und beanspruchen den größten Teil der verfügbaren Zeit und Energie. Das hat zur Folge, dass manche wichtigen Dinge noch schnell nebenbei erledigt werden müssen. Bei diesen Zeitgenossen stellt sich oft ein stetig wachsendes Gefühl des Unbehagens ein, weil sie gegen das tägliche Arbeitspensum einfach nicht mehr ankommen. Sie arbeiten nicht mehr gezielt, sondern werden von den Umständen getrieben und fühlen sich daher zunehmend fremdbestimmt.

Wichtiges darf nicht Nebensache werden

Steuert der Betroffene hier nicht rechtzeitig gegen, wird er über kurz oder lang am Ende seiner Kräfte sein: ständig lustlos, schlapp, apathisch, wie eine verbrauchte Batterie. Diese körperliche, emotionale und geistige Erschöpfung wird zunehmend so intensiv spürbar, dass sich negative Einstellungen zum Selbst, zur Umgebung, zur Arbeit und zum Leben im Allgemeinen ergeben. Von diesem Ausgebranntsein (*Burn-out-Syndrom*) befallene

Burn-out-Syndrom

2. Vorbehalte gegenüber Delegation

Führungskräfte betreiben lange Zeit unter Missachtung der Führungstechnik Delegation Raubbau an ihren physischen und psychischen Energien, der zu einem absehbaren Verschleiß der Kräfte führen muss.

Zeitknappheit Zeitknappheit ist aus medizinischer Sicht der größte Stressor der Menschheit. Dies glossieren folgende Verse eines unbekannten Verfassers:

„Wie hinter fortgewehten Hüten,
so jagen wir Terminen nach.
Vor lauter Hast und Arbeitswüten
liegt unser Innenleben brach.
Wir tragen Stoppuhren in den Westen,
wir gurgeln abends mit Kaffee,
wir hetzen vom Geschäft zu Festen
und denken stets im Exposé.
Wir rechnen in der Arbeitspause
und rauchen zwanzig pro Termin,
wir kommen meistens nur nach Hause,
um frische Wäsche anzuziehn.
Wir sind tagaus tagein im Traben
und sitzen kaum beim Essen still.
Wir merken, dass wir Herzen haben,
erst wenn die Pumpe nicht mehr will."

Nicht selten landen Führungskräfte, die nicht delegieren, mit einem Herzinfarkt oder einer anderen gesundheitlichen Schädigung im Sanatorium und unterstreichen damit einen Spruch *Eugen Roths*:

„Ein Mensch sagt – und ist stolz darauf –
er geh' in seinen Pflichten auf.
Bald aber, nicht mehr ganz so munter,
geht er in seinen Pflichten unter."

2. Vorbehalte gegenüber Delegation

Auch wenn manche Management-Institute und viele Trainer in Seminarankündigungen den Eindruck erwecken, Delegation sei ein neuzeitliches und höchst aktuelles Führungs- und Organisationsinstrument, so weist der Ursprung dieses Wortes in eine andere Richtung: Der Begriff „Delegation" geht auf das lateinische „delegare" (= übertragen) zurück und stellt eine uralte Führungstechnik dar. Ein Blick in das 2. Buch Mose, Kapitel 18, Vers 13 bis 23 belegt dies: Hier erhält Moses von seinem Schwiegervater Jethro, dem Priester der Midianiter, einen Rat bei der Bewältigung des Problems, wie er als alleiniger Richter und Lenker des ganzen Volkes seinen Verpflichtungen nachkommen solle:

Schon Moses delegierte

2. Vorbehalte gegenüber Delegation

„Warum sitzest Du allein? Es ist nicht gut, was Du tust. Mit unweiser Mühe zehrest Du Dich auf ... Das Geschäft ist über Deine Kräfte, Du kannst es nicht tragen allein.

Sieh Dich um wackere Männer um, die ... redlich sind und den Geiz hassen, und stelle aus ihnen Obere auf über tausend, über hundert, über fünfzig und über zehn ... Was aber eine große Sache ist, die sollen sie an Dich bringen, und nur geringe Sachen sollen sie selbst richten."

Keine Entschuldigungen vorschieben

So mancher Vorgesetzter schlägt diese alttestamentarische Empfehlung des Jethro in den Wind. Oft wird die mangelnde Zeit vorgeschoben, die es nicht erlaubt, sich angesichts vieler vermeintlich negativer Begleitaspekte auch noch um richtiges Delegieren zu bemühen. Hierzu eine kleine Story:

Ein Vorgesetzter klagt über seine immense Arbeitsbelastung und die stets nicht ausreichende Arbeitszeit. Beides erlaube ihm zu seinem größten Bedauern nicht, seine Kompetenz in Mitarbeiterführung zu erweitern. Ein Unternehmensberater antwortet hierauf: „Ein Holzfäller hackte mit großem Fleiß im Schweiße seines Angesichts mit einer stumpfen Axt Bäume – und schaffte trotz allem nicht die gesteckten Ziele. Ein Spaziergänger rät ihm: 'Wie wär's, wenn Sie Ihre Axt schleifen würden?' Die Antwort: 'Sie sehen doch, ich habe keine Zeit, ich muss Bäume fällen!'"

Delegieren muss man lernen

Es ist nicht auszuschließen, dass schwache Delegierer diverse Ausreden gegen die Anwendung oder den verstärkten Einsatz des Delegationsprinzips nennen, um nur nicht den wahren Kern ihrer Zurückhaltung offenbar werden zu lassen: Sie haben richtiges Delegieren nicht gelernt. So fehlt es an Erfahrung, und bevor man Schiffbruch erleidet, lässt man lieber die Finger von dieser heiklen Sache.

2. Vorbehalte gegenüber Delegation

Zwölf gängige Vorbehalte von Führungskräften gegen Delegation

1. Weshalb soll ich eine Arbeit delegieren, wenn ich sie selber besser erledigen kann als meine Mitarbeiter? Es stimmt: Sie erledigen Aufgaben nach langer Praxis und Routine grundsätzlich besser als Ihre Mitarbeiter. Und so bleibt es auch, wenn Sie es Ihren Mitarbeitern nicht ermöglichen, in Aufgaben hineinzuwachsen und praktische Erfahrungen zu sammeln, so dass sich nach einiger Zeit Routine einstellt. Hier sollten Sie sich die Erkenntnis zu Eigen machen, dass auch Ihre Mitarbeiter nur dann etwas aus dem Ärmel schütteln können, wenn vorher etwas hineingetan wurde. Streichen Sie also ersatzlos die Floskel: „Delegiere niemals, denn nur was du selber machst, ist wirklich gemacht."

Der Mensch wächst an seinen Aufgaben

2. Meine Mitarbeiter verfügen leider nicht über die erforderliche Erfahrung. Es liegt mir deshalb fern, sie zu überfordern. Es ist sicherlich nicht die Regel, dass der Mitarbeiter über einen reichen Erfahrungsschatz verfügt, der sogleich eine meisterhafte Ausführung der zu delegierenden Arbeit ermöglicht. Vielmehr ist es ganz natürlich, wenn sich Mitarbeiter zunächst überfordert fühlen, wenn sie „aus dem Stand heraus" mit fremden Arbeiten konfrontiert werden. Doch nach der Lektüre dieses Buches werden Sie wissen, wie Sie Ihre Mitarbeiter richtig an schwierige Aufgaben heranführen.

Erfahrungen sammeln

3. Wenn ich es selber mache, geht es schneller und ich spare damit kostbare Zeit. Das Alles-selber-machen-Wollen ist ein häufig anzutreffender Fehler von Vorgesetzten. An keinen anderen Arbeitsplätzen bleiben so viele wichtige Arbeiten liegen wie an den Plätzen dieser Führungskräfte, die alles selber machen wollen!

Wichtiges bleibt liegen

2. Vorbehalte gegenüber Delegation

Eine ganz einfache Rechnung

Zurück zu dem Statement, dem wir auf den ersten Blick aus eigener Erfahrung beipflichten. Auf den zweiten Blick erkennen wir jedoch, dass sich nur kurzfristig Zeit einsparen lässt. Ein wesentlicher Zeitgewinn lässt sich erst erzielen, wenn wir uns der zunächst zeitraubenden Delegation einschließlich der häufig mit ihr verbundenen Unterweisung stellen. Hierzu ein Rechenbeispiel:

Nach langjähriger Praxis benötigen Sie für eine häufiger zu erledigende Aufgabe durchschnittlich drei Stunden. Mitarbeiter Eifrig würde trotz hohen Engagements für die gleiche Aufgabe voraussichtlich sieben Stunden benötigen, weil er zunächst Unterlagen zusammensuchen und durcharbeiten müsste, weil für ihn die neue Aufgabe Probleme aufwerfen würde usw. usw. Was liegt also näher, als die Arbeit schnell selbst zu machen – dann ist sie in drei Stunden ordentlich erledigt und vom Tisch!

Machen wir eine einfache Gegenrechnung auf: Nach Delegation der Aufgabe benötigt Eifrig sieben Stunden. Weil Sie den Mitarbeiter nicht „ins kalte Wasser werfen", sondern ihm alles richtig erklären, ihn mit erforderlichen Informationen versorgen, ihm bei anfänglichen Problemen als Ansprechpartner zur Verfügung stehen und weil Sie gerade am Anfang Eifrigs Arbeit sorgfältig kontrollieren, investieren Sie vier Stunden Ihrer Arbeitszeit. Unter dem Strich beträgt Ihr zeitlicher Mehraufwand eine Stunde. – Der Vorbehalt gegen die Delegation scheint sich zu bestätigen.

Guthaben auf dem Zeitkonto

In der folgenden Woche aber benötigt Eifrig für eine gleichartige Aufgabe nur noch fünf Stunden, weil sich bereits ein Übungsgewinn bemerkbar macht. Sie müssen für Ihre wohlwollende Begleitung nur noch eine Stunde einsetzen. Ihr Zeitkonto weist diesmal schon ein Guthaben von zwei Stunden auf.

2. Vorbehalte gegenüber Delegation

Wiederum drei Tage später ist die delegierte Aufgabe erneut zu bewältigen. Jetzt schafft Eifrig die Arbeit nach dreistündigem Einsatz. Sie investieren nur noch fünf Minuten. Für Sie hat sich die Delegation nun schon aus zeitlichen Gründen ausgezahlt: Der erzielte Gewinn beträgt bei jeder weiteren Erledigung dieser Aufgabe zwei Stunden und 55 Minuten!

Der Nicht-Delegierer wird hingegen die Arbeit weiterhin bis in alle Ewigkeit treu und brav selber erledigen und jedes Mal drei Stunden seiner kostbaren Zeit investieren.

4. Ich traue meinen Mitarbeitern nicht das entsprechende Können und die erforderliche Leistungsbereitschaft zu. Verzichten Sie auf Delegation, so setzen Sie nur unzureichend Wissen, Erfahrung und Können Ihrer Mitarbeiter für die bestmögliche Aufgabenerledigung ein. Sie nutzen auch nicht die einzige Methode, die Leistungsfähigkeit Ihrer Mitarbeiter überhaupt zu erkennen. Oft genug bemerkt eine Führungskraft erst nach einer langen Zusammenarbeit zufällig die in Mitarbeitern schlummernden, bislang ungenutzten Fähigkeiten: So leitet ein mit Registraturaufgaben betrauter Mitarbeiter in seiner Freizeit bereits seit Jahren äußerst erfolgreich einen großen Sportverein. Ein anderer mit untergeordneten Tätigkeiten beschäftigter Angestellter genießt im kommunalpolitischen Bereich durch seine allseits anerkannte Kompetenz hohes Ansehen.

Ungeahnte Kräfte wecken!

Vertrauen baut auf, Misstrauen hingegen lähmt. Werden Leistungsbereitschaft und Leistungsfähigkeit vom Vorgesetzten in Zweifel gezogen, fühlen sich die Mitarbeiter zunehmend verunsichert und beginnen an sich selbst zu zweifeln. Kein Wunder, dass Motivation und Produktivität dieser Mitarbeiter rapide absinken. Deshalb gilt der Grundsatz:

Selbstzweifel verhindern!

2. Vorbehalte gegenüber Delegation

> Bauen Sie Misstrauen ab und ersetzen Sie es durch Vertrauen!

Wenn Sie vertrauensvoll auf Ihre Mitarbeiter zugehen, werden diese Ihnen gewiss keine Steine in den Weg rollen, sondern sich nach besten Kräften bemühen, das in sie gesetzte Vertrauen zu rechtfertigen. Denn uns geschenktes Vertrauen und erkennbares Zutrauen sind für uns Ansporn. Der Menschenkenner *Freiherr vom Stein* befand:

> Vertrauen veredelt den Menschen.

Misstrauen steigert eigene Belastung

Vermeiden Sie also den Fehler, sich um alles und jedes zu kümmern, weil Sie Ihren Mitarbeitern nicht vertrauen und ihnen vor allem nicht zutrauen, die Aufgaben selbstständig und ordentlich zu erledigen. Wer ständig misstraut, arbeitet selbst viel zu viel. Und wer zu viel arbeitet, verliert den Überblick und wird als Vorgesetzter seinen Aufgaben nicht mehr gerecht!

Haben Sie Mut zum Risiko!

Ein vertrauensvolles Klima fördert zudem Kreativität und Leistungsbereitschaft und erhöht auch die Freude an der Arbeit, so dass Erstaunliches vollbracht werden kann. Und das ist keine graue Theorie! Gewiss haben Sie schon erlebt, wie Menschen mit ihren Aufgaben über sich hinausgewachsen sind und dabei entdeckt haben, was alles in ihnen steckt. Diese ungenutzten Leistungsreserven gilt es auszuschöpfen. Ohne Vertrauen, Mut und Risikobereitschaft bewirken Sie nur das Minimum. Wollen Sie das Maximum, so brauchen Sie nicht nur den Glauben an sich selbst. Auch Ihre Mitarbeiter müssen spüren, dass Sie an sie glauben und ihnen vertrauen. Mit Ihrem Glauben können Sie Berge versetzen!

2. Vorbehalte gegenüber Delegation

5. *Meine Mitarbeiter klagen schon über zu viel Arbeit. Belaste ich sie zusätzlich, komme ich meiner Fürsorgeverpflichtung ihnen gegenüber nicht nach.* Ein Mitarbeiter, der sich über zu wenig Arbeit beklagt, dürfte die rühmliche Ausnahme sein. Eher werden Mitarbeiter den entgegengesetzten Weg einschlagen und vorbeugend ein lautes Klagelied über die Menge der zu bewältigenden Arbeit anstimmen. In diesem Fall wird ein vorsichtiger Vorgesetzter schnell sein Delegationsvorhaben ad acta legen, um eine mögliche Überlastung von Mitarbeitern mit Folgen wie z. B. Krankheit, Versetzungsantrag, Kündigung zu vermeiden.

Neue Arbeit wird abgewehrt

Da Sie jedem Ihrer Mitarbeiter über Delegation die Gelegenheit bieten wollen, sein Leistungspotenzial auszuschöpfen und Erfolgserlebnisse zu erzielen, werden Sie sich weder von einem lauten Wehgeschrei abschrecken lassen noch vorgesehene Veränderungen übers Knie brechen. Zunächst ist es ratsam, den Gegebenheiten auf den Grund zu gehen:

Sehen Sie genau hin!

- Zunächst beobachten Sie in aller Ruhe das Arbeits- und Pausenverhalten Ihres Mitarbeiters, um seine Zeiteinteilung und die von ihm eingesetzten Arbeitstechniken zu erkennen. Eventuell können Sie durch die Verbesserung unzweckmäßiger Arbeitstechniken Leerlauf vermeiden oder unrationelle Bearbeitungsweisen aufdecken. Entsprechende Hinweise bzw. ein adäquates Training bringen Zeitersparnis.

- Glaubt eine Führungskraft, wegen der bereits umfangreichen Arbeitsmenge keine weiteren Aufgaben z. B. an einen zugeordneten Gruppenleiter delegieren zu können, wird er zunächst dafür sorgen, dass der Gruppenleiter einige Aufgaben an unterstellte Sachbearbeiter überträgt.

2. Vorbehalte gegenüber Delegation

■ Vielleicht bringt Ihre Recherche auch das Ergebnis, dass die angebliche Arbeitsbelastung eine reine Schutzbehauptung aus Angst vor neuen Aufgaben ist.

Der Fleißige darf nicht der Dumme sein

■ Erkennen Sie, dass Mitarbeiter ohne Engagement und Interesse an der Arbeit ihre Belastung nur vortäuschen oder unerledigte Arbeiten ständig vor sich herschieben, um sich während der Arbeitszeit privaten Dingen zu widmen, so dürfen Sie vor diesen Problemfällen keinesfalls die Augen verschließen. Ansonsten würde sich die fatale Erkenntnis ausbreiten, dass Faulpelze nach abgewehrter Delegation in Ruhe gelassen und somit belohnt werden, während fleißige Mitarbeiter die Dummen sind und mit weiteren Aufgaben bestraft werden. Sie tragen dem Faulpelz Ihre Beobachtungen in einem Mitarbeitergespräch vor und mahnen eine ordnungsgemäße Arbeitserledigung in einem vertretbaren Zeitrahmen an. Damit schaffen Sie auch bei solchen Mitarbeitern nutzbare Zeit, denen es bisher gelang, als Minimalisten unauffällig und ausgeruht den Feierabend zu erreichen.

Mitarbeiter-Erfolge sind auch eigene Erfolge

6. *Ich genieße geringere Wertschätzung bei meinen Mitarbeitern, wenn diese plötzlich die bislang von mir erledigten Arbeiten besser bewältigen als ich.* Zunächst sollten Sie froh und dankbar über qualifizierte Mitarbeiter sein, die in der Lage sind, nach der Delegation Aufgaben effektiver als bisher zu erledigen. Da Sie Ihren Zuständigkeitsbereich nach außen vertreten, können Sie die in Ihrem Bereich erzielten besseren Leistungsergebnisse – zumindest teilweise – auf ihre eigene Fahne heften. Der befürchtete Autoritätsverlust in den Augen Ihrer Mitarbeiter tritt nicht ein, wenn Sie zu Beginn der Delegation Ihrem Mitarbeiter deutlich machen, dass Sie keinerlei Probleme damit haben, wenn der Mitarbeiter künftig bessere Er-

2. Vorbehalte gegenüber Delegation

gebnisse erzielt als Sie. Im Gegenteil: Sie entschlossen sich zu der Delegation, weil Sie damit eine mindestens gleich gute, wenn nicht gar bessere Aufgabenerledigung als bisher erwarten und sich schon darauf freuen, wenn diese Arbeiten künftig stärker als bisher zum Betriebserfolg beitragen!

Auch ist nicht auszuschließen, dass Ihnen bei der bisherigen Aufgabenerledigung Fehler unterliefen, die nach erfolgter Delegation ans Tageslicht geraten. Was soll's? In diesem Fall können Sie eher dankbar sein, dass Ihre Fehler nicht noch länger den Arbeitserfolg schmälern. Da Sie ein gesundes Selbstvertrauen besitzen, sind Sie auch bereit, eigene Fehler einzugestehen und Ihrem Mitarbeiter Anerkennung für das Aufdecken eines ärgerlichen Fehlers zu geben. Orientieren Sie sich an der Erkenntnis des britischen Philosophen *Bertrand Russell:*

Jeder macht Fehler

> **Wer wirklich Autorität hat, braucht sich nicht zu scheuen, Fehler zuzugeben.**

Insgesamt können Sie mit hoher Wahrscheinlichkeit erwarten, dass Ihre persönliche Autorität in den Augen Ihrer Mitarbeiter steigt, wenn Sie behutsam und erfolgsorientiert im Sinne aller Beteiligten delegieren.

Delegieren schafft Ansehen

7. Einige Aufgaben bereiten mir viel Spaß und Freude, so dass ich sehr an diesen Lichtblicken im grauen Tagesgeschehen hänge. Soll ich mich durch Delegation selbst bestrafen? Arbeit soll keine Mühsal oder Plage sein, die uns das Leben vergällt. Deshalb können wir uns glücklich schätzen, wenn sich Spaß und Freude bei der Arbeit einstellen. Dennoch ist es nicht ratsam, mit dieser Begründung auf die Delegation lieb gewonnener Aufgaben zu verzichten. Leider sieht es in der Betriebspraxis häufig so aus:

Verzicht fällt schwer

2. Vorbehalte gegenüber Delegation

Der Personalchef Bald besteht auf seiner maßgeblichen Beteiligung an Vorstellungsgesprächen, weil er hierbei psychologisch gesehen einen „Lustgewinn" verspürt. Neidlos ist anzuerkennen, dass es ihm regelmäßig gelingt, für freie Arbeitsplätze den passenden Bewerber auszuwählen. Indes stehen in der Personalabteilung zwei Fachleute bereit, die eine hinreichende Kompetenz für die Personalauswahl besitzen.

Der Produktionsleiter Emsig beschäftigt sich intensiv mit Fragen der Arbeitsvorbereitung, da sie Schwerpunkt einer früheren Tätigkeit bei einer anderen Firma waren. Dass er damit einem in der Arbeitsvorbereitung eingesetzten Spezialisten einen Teil der Arbeit abnimmt, hat er noch nicht realisiert.

Zeit für neue Aufgaben! Würden die oben beschriebenen Führungskräfte ihre Lieblingsaufgaben delegieren, hätten ihre Zeitbudgets Gewinne zu verzeichnen. Ihre Köpfe wären für neue und wichtige Dinge frei, die ihnen wiederum Spaß und Freude bereiten können.

> **Denken Sie positiv, werden Sie sich bei wohl verstandener Delegation nicht als Verlierer empfinden, sondern Gewinner sein!**

Keine Angst vor höherem Risiko *8. Delegiere ich auch Entscheidungskompetenz an meine Mitarbeiter, erhöht sich durch deren Fehlentscheidungen das Risiko in meinem Zuständigkeitsbereich.* Machen Sie sich von der Vorstellung frei, selbst alles zu wissen und zu können. So sieht die Wirklichkeit aus: Fehler stellen sich auf jeder betrieblichen Ebene ein. Gestehen Sie also auch Ihren Mitarbeitern das Recht zu, gelegentlich Fehler zu machen. Sind Sie Realist, müssen Sie zugeben, dass auch Sie nicht unfehlbar sind. Bei richtigem Delegieren werden Sie nicht die Kontrolle verlieren (siehe Seite 114). So vermindern Sie das Entscheidungsrisiko.

2. Vorbehalte gegenüber Delegation

9. *Nach der Delegation weiß ich nicht mehr, was in meinem Bereich geschieht. Ich verliere den Überblick über die Erledigung der Aufgaben. Es fehlen mir dann die unbedingt erforderlichen umfangreichen Kontrollmöglichkeiten. Ich muss ständig sämtliche Fäden in der Hand haben und über alles genau informiert sein. Schließlich ist seit Jahrhunderten bekannt: Das Auge des Herrn macht die Kühe fett!* Führungskräfte mit dieser Einstellung haben bei jeder eigenen Abwesenheit panische Angst vor unkontrollierten Tätigkeiten und Fehlern der Mitarbeiter. Durch das bisher praktizierte *Alles über meinen Tisch!* verfügen sie über das Monopol an Informationen, das bei verstärkter Delegation ins Wanken gerät.

Angst, den Überblick zu verlieren

2. Vorbehalte gegenüber Delegation

Delegieren heißt nicht loswerden

Delegation ist nicht mit grenzenloser Freiheit des Mitarbeiters gleichzusetzen! Manche Gegner der Delegation gehen fälschlicherweise davon aus, dass nach der Delegation einer Aufgabe an einen geeigneten Mitarbeiter alles Nötige getan sein soll. Man setze sich entspannt zurück und denke: „Diese Tätigkeit bin ich endlich los. Die Verantwortung trägt ab sofort der Mitarbeiter, ich habe damit nichts mehr am Hut." Ohne Zweifel geht es stetig bergab, wenn man eine Sache in dieser Weise sich selbst überlässt.

Kontrolle soll Leistung verbessern

Delegation kann und darf die Führungsaufgabe Kontrolle (siehe Seite 82) nicht ausschließen! Delegation beinhaltet kein blindes Vertrauen, sondern ein Vertrauen mit wachsamen Augen! Wird Kontrolle als totale Überwachung benutzt und hat das Erkennen von Fehlern oder falschen Verhaltensweisen massive Strafexpeditionen zur Folge, empfinden Mitarbeiter dies als unangenehm, entwürdigend, sogar beleidigend und als eklatantes Zeichen von Misstrauen. Hat Kontrolle hingegen das Ziel, über Stichproben und Erfolgskontrollen für die Zukunft konstruktive Leistungs- oder Verhaltensverbesserungen zu bewirken, werden Kontrollen von Mitarbeitern als Hilfe eher akzeptiert (siehe Seite 114).

Keine Angst vor selbstständigen Mitarbeitern!

10. Mit der Delegation von Befugnissen an Mitarbeiter schmälere ich meinen eigenen Machtbereich, beschneide meine Vorgesetztenposition und trage zu einer möglichen Stärkung von Rivalen bei. Sie haben keinen Anlass, Delegation zu boykottieren und gegenüber Ihren Mitarbeitern Konkurrenzangst zu empfinden. Es besteht auch dann kein Grund für solche Befürchtungen, wenn die Mitarbeiter selbstständig und verantwortlich handeln, ein größeres Selbstbewusstsein entwickeln und beruflich aufsteigen wollen.

2. Vorbehalte gegenüber Delegation

Wenn Sie delegierbare Aufgaben übertragen und weiterhin Ihren nicht delegierbaren Aufgaben nachkommen (siehe Seite 79), stärken Sie sogar Ihre Position: Indem Sie sich von delegierbaren Aufgaben entlasten, gewinnen Sie Zeit und Energie, sich um die wirklich wichtigen Dinge intensiv zu kümmern. Im Rahmen des Delegationsprinzips geben Sie – eher unbedeutende – Macht ab, um Macht zu gewinnen!

Macht abgeben – und gewinnen

11. Im Extremfall wird mir mein Platz durch fähige, selbstständige, verantwortungsbewusste und starke Mitarbeiter streitig gemacht. Der Urlaubsrückkehrer Menzel wird von seinem Vorgesetzten mit der Bemerkung empfangen:

Wie jemand Angst vor dem Delegieren bekommt

„Ich ahnte ja überhaupt nicht, was für gute Leute Sie in Ihrer Abteilung haben. Bei dieser exzellenten Mannschaft können Sie sich ja getrost zurücklehnen. Zum Beispiel der Herr Sommer. Wir haben sein Know-how und seine Initiative genutzt, um einige Erfolg versprechende Dinge aufs Gleis zu schieben, an die bisher noch niemand dachte."

Abteilungsleiter Menzel hat von Stund an ein Problem: Er leidet plötzlich unter dem „Stuhlsägekomplex" und betrachtet seine Mitarbeiter – dabei besonders Herrn Sommer – als Konkurrenten, die nur auf seinen Abgang warten oder dies durch eigenes Tun noch beschleunigen wollen. Er überwacht fortan voller Misstrauen alle Aktivitäten seiner Mitarbeiter und versorgt sie nur noch äußerst zurückhaltend mit Informationen, die für eine gute Aufgabenerledigung benötigt werden. Abwesenheiten vom Arbeitsplatz werden auf kurze Zeitspannen begrenzt, damit die eigene Position während der Abwesenheitsphase nicht zu stark an Einfluss verliert. Schließlich hat man noch aus der Schulzeit die Eingangspassage zum *Zauberlehrling* im Ohr:

Stuhlsägekomplex

2. Vorbehalte gegenüber Delegation

„Hat der alte Hexenmeister
sich doch einmal wegbegeben!
Und nun sollen seine Geister
auch nach meinem Willen leben.
Seine Wort' und Werke
merk't ich und den Brauch,
und mit Geistesstärke
tu' ich Wunder auch."

Die Geschäftsleitung ist gefragt

Dass Herr Menzel eine Delegation herausfordernder Aufgaben an seine Mitarbeiter ablehnt, ist dem Bedürfnis zuzuschreiben, seine eigene Stellung zu sichern. Zwei Maßnahmen des Betriebes sind nötig, damit ein „Stuhlsägekomplex" gar nicht erst entsteht. Damit kann dieser Vorbehalt gegen Delegation aus dem Weg geräumt werden:

- Alle Mitarbeiter werden betrieblicherseits zu absoluter Loyalität und zu Fairness verpflichtet. Jedem muss eindringlich klargemacht werden, dass es sich in keinem Fall lohnt, an den Stühlen von anderen zu sägen.

- In größeren Betrieben wird der Stellvertreter von der Nachfolge des Stelleninhabers ausgeschlossen, es sei denn, dieser verlässt freiwillig den Arbeitsplatz oder scheidet aus dem Arbeitsverhältnis aus.

Chance zum Aufstieg

Folgendes sollten Sie bedenken: Bereitet Ihnen Delegieren keine Probleme, nutzen Sie die auf Seite 33 aufgelisteten Pluspunkte. Die Arbeitsleistung Ihrer Abteilung und Ihre eigenen Leistungsergebnisse verbessern sich zwangsläufig, so dass Sie zu den Erfolgreichen zählen. Ihr Vorgesetzter wird schon in seinem eigenen wohl verstandenen Interesse alle Sägeversuche an Ihrem Stuhl verhindern. Längerfristig wird die von Ihnen verantwortete Leistung eher zu einem Aufstieg als zu einem Abstieg führen.

2. Vorbehalte gegenüber Delegation

12. Mit meiner ständigen Präsenz und der Bewältigung eines umfangreichen Arbeitspensums fühle ich mich als Vorbild für meine Mitarbeiter und will es auch bleiben. Zum Image vieler Führungskräfte scheint ständiger Stress sowie eine hohe Stundenbelastung durch die Berufstätigkeit zu zählen. Dabei wird selten zwischen Präsenz am Arbeitsplatz und aktiver Aufgabenerledigung unterschieden – es zählt hauptsächlich die Anwesenheitsdauer: 45, 50, 60 und noch mehr Stunden im Betrieb sind keine Seltenheit. Bei diesem Zeitaufwand fühlt sich manche Führungskraft – oft insgeheim mit stolzgeschwellter Brust – als erster Sklave seines Zuständigkeitsbereichs.

Anwesenheit bedeutet nicht Leistung

Ist eine Führungskraft bei objektiver Betrachtung ständig in der Lage, während dieser langen Anwesenheitszeiten intensiv wichtige und dringliche Aufgaben auszuführen und zu guten Ergebnissen zu bringen? Das dürfte wohl nur recht selten zutreffen! Es ist eher anzunehmen, dass auch solche weniger anspruchsvollen Tätigkeiten wahrgenommen werden, die eher entspannen und wenig herausfordern, vielfach also delegiert werden können. Gewiss ist diese Führungskraft ausgesprochen fleißig, oft zu fleißig. Sie verwechselt allerdings Anwesenheit und Beschäftigtsein mit anstrengender und die Person fordernder Arbeit.

Versteckte Ruhephasen

Ein Vorgesetzter, der sich mit seinen Aufgaben „zuschüttet" und seine eigene Zeit kaum managen kann – wie wird wohl diese Führungskraft eine Abteilung managen? Mitarbeiter werden eher mitleidig ihren arbeitswütigen Vorgesetzten belächeln als sich an ihm ein Beispiel nehmen. Wie gefällt Ihnen folgendes Wortspiel?

Die Zeit besser einteilen

> Wer nicht mehr abschalten kann, kann eines Tages auch nicht mehr schalten!

Sechs Vorbehalte von Mitarbeitern gegen Delegation

Die Delegation wird nicht nur von manchen Führungskräften mit Skepsis, Misstrauen oder Ablehnung betrachtet, sondern auch von vielen Mitarbeitern, und zwar aus folgenden Gründen:

Störung der Ordnung 1. Unbekanntes, Unvertrautes und Ungewisses kann zu Unsicherheit, Unbehagen oder gar Angst führen. Änderungen werden häufig intuitiv als Störung der etablierten Ordnung abgelehnt. Der sichere und vorausberechenbare Berufsalltag ist gefährdet.

Gutes aufgeben 2. Bisheriges ist dem Mitarbeiter „ans Herz gewachsen" und „in Fleisch und Blut übergegangen", so dass gute Arbeitsergebnisse erzielt wurden. Das soll nun – zumindest teilweise – wegen einer Neuerung aufgegeben werden.

Energie aufwenden 3. Jede Veränderung bedeutet Lernprozesse: Erworbene Kenntnisse und Erfahrungen werden möglicherweise entwertet und müssen angepasst oder durch neue ersetzt werden. Lernen setzt den Einsatz von Energie voraus. Weshalb Energie einsetzen, wenn es bis jetzt doch auch alles ganz gut lief?

Angst vor Überforderung 4. Angst vor der Zukunft kann entstehen, wenn die Absichten der Person nicht genau bekannt sind, welche sich um eine verstärkte Delegation bemüht. So stellt sich zum Beispiel die Frage: „Schaffe ich diese zusätzliche Belastung auch noch, oder ist dies ein erster Schritt, damit ich wegen Überforderung meinen Platz räumen muss?"

2. Vorbehalte gegenüber Delegation

5. Der gegenwärtige Status im Betrieb oder die bisher erhaltene Anerkennung für geleistete Arbeit können sich wandeln, so dass das Selbstwertgefühl negativ berührt wird.

Furcht vor Ansehensverlust

6. Bestehende soziale Beziehungen innerhalb des bisherigen beruflichen Umfeldes können bedroht werden. Das Bedürfnis nach geordneten sozialen Beziehungen steht der erkennbaren Veränderung entgegen.

Kollegen wechseln

Sie erkennen, dass vorrangig Sicherheitsbedürfnisse eine ablehnende oder skeptische Haltung begründen. Jeder Mensch hat – auch wenn er es nicht ausspricht – Furcht vor dem Unbekannten. Viele Menschen fühlen sich bedroht und werden von Zukunftsängsten heimgesucht. Wir wollen nicht mit unnötigen Ängsten und Ungewissheiten leben, die uns quälen und das Leben vergällen. Da jede Veränderung Unsicherheit bewirkt, gehen wir zunächst auf Distanz. Versetzen Sie sich mit der erforderlichen Sensibilität einen Moment in die Lage Ihrer Mitarbeiter, können Sie sicherlich recht gut diese Vorbehalte nachvollziehen.

Sensibilität ist gefragt

Allerdings darf Ihr Verständnis für die Situation Ihrer Mitarbeiter nicht dazu führen, alles beim gegenwärtigen Zustand zu belassen. Gehen Sie den Empfehlungen dieses Ratgebers folgend behutsam bei der Delegation vor, wird es Ihnen gelingen, zunächst vorhandene Befürchtungen zu zerstreuen und die Mitarbeiter künftig für ein verstärktes Engagement zu gewinnen.

Mitarbeiter auf Ihrer Seite

Ihre Bereitschaft zur Delegation – das Wollen – und Ihre Fähigkeit zur Handhabung der Technik der Delegation – das Können – lassen sich steigern, wenn Sie das Prinzip der Delegation in der täglichen Führungspraxis nicht nur als Lippenbekenntnis betrachten, sondern es aus ganzem Herzen akzeptieren.

Machen Sie es wahr!

Welche Gründe sprechen für eine verstärkte Delegation?

Bessere Ergebnisse Trotz der im vorigen Kapitel beschriebenen Zweifel bei Vorgesetzten und Mitarbeitern werden Sie als kluger Vorgesetzter die Führungstechnik Delegation intensiv einsetzen. So erreichen Sie die betrieblichen Ziele bei größerer Zufriedenheit Ihrer Mitarbeiter mit besseren Arbeitsergebnissen.

Zweifler schneiden schlechter ab Ihre Mitarbeiter werden es Ihnen danken: In einer Studie wurden 500 Gruppen von Führungskräften von ihren Mitarbeitern bewertet. Das Ergebnis war eindeutig: Die Führungskräfte, die sehr viel delegierten, erhielten von ihren Mitarbeitern sehr gute oder gute Beurteilungen. Führungskräfte mit schlechter Bewertung waren sehr zögerliche Delegierer.

Folgende Checkliste wird auch Sie von den Vorteilen des Delegierens überzeugen:

3. Welche Gründe sprechen für eine verstärkte Delegation?

Ich werde die Führungstechnik Delegation wegen gravierender Pluspunkte verstärkt einsetzen:

+ Ich kann mich entlasten und Zeit gewinnen
  siehe Seite 34

+ Ich trage zu größerer Motivation meiner Mitarbeiter bei
  siehe Seite 37

+ Ich nutze besser das fachliche Potenzial meiner Mitarbeiter
  siehe Seite 49

+ Ich betreibe Personalentwicklung mittels Delegation
  siehe Seite 52

+ Ich sorge dafür, dass bessere Entscheidungen auf den richtigen Ebenen getroffen werden
  siehe Seite 55

+ Ich sichere den Betrieb / meine Abteilung bei meinem plötzlichen Ausfall
  siehe Seite 57

3. Welche Gründe sprechen für eine verstärkte Delegation?

+ Ich kann mich entlasten und Zeit gewinnen

Ständig unter Druck — Nicht-Delegierer verweisen sehr häufig auf die unzureichende Zeit für eine zufrieden stellende Aufgabenerledigung. Sie verzetteln sich und schieben Probleme vor sich her. Zeit für schöpferische Pausen und Ruhephasen auch am Arbeitsplatz steht ihnen erst recht nicht zur Verfügung. Sie agieren unter ständigem Druck, verkrampfen bei der Arbeit und geraten noch mehr in Schwierigkeiten. Tatsächlich ist nicht die fehlende Zeit das Problem, sondern das, was der Mensch aus seiner Zeit macht! Der römische Philosoph *Seneca* erkannte:

> Wir haben nicht zu wenig Zeit, wir verschwenden zu viel davon.

Energien falsch eingesetzt — Erscheint Ihnen die Arbeit nicht sinnvoll organisiert und kommen Sie trotz großen Eifers nicht mit Ihrer Arbeitszeit zurecht? Nicht nur notorischen Workaholics, die sich von der Droge „Arbeit" stimulieren lassen, reicht der 24-Stunden-Tag nicht. Sie sollten über eine längere Zeitspanne täglich aufschreiben, was Sie alles während Ihres Arbeitstages getan haben: Postdurchsicht, Besuche, Telefonate, Unterschriften, Mitarbeitergespräche, Kundenkontakte usw. (siehe Seite 83). Werten Sie diese Aufzeichnungen aus, stellen Sie unschwer fest: Einen großen Teil Ihrer täglichen Arbeitszeit verbringen Sie mit Tätigkeiten, die weit unter Ihrer Qualifikationsstufe liegen. Der Anspruch alles selbst zu erledigen lenkt Ihre Energien in falsche Bahnen, so dass Sie ineffizient arbeiten.

Vertrauen Sie Mitarbeitern — Sie sollten zu der Einsicht gelangen, dass Sie Ihre Nase nicht in jeden Topf stecken müssen, dass Ihre selbstbewussten, gut ausgebildeten und ambitionierten Mit-

3. Welche Gründe sprechen für eine verstärkte Delegation?

arbeiter viele Dinge genauso gut – teilweise sogar besser – erledigen können!

Mit der Delegation wird es Ihnen als Vorgesetzter möglich, sich von manchen bisher selbst erledigten Tätigkeiten zu entlasten. Schließlich müssen sich Vorgesetzte aller Ebenen Zeit und Kraft für ihre eigentlichen Aufgaben bewahren und Kapazitäten freisetzen für die richtigen und wichtigen Dinge: **Neue Kraft für Wichtiges**

- für die Betreuung des eigenen Bereiches und der Mitarbeiter gemäß der Empfehlung:

> Mehr und besser führen – weniger durchführen!

- für Planung, Organisation, Rationalisierung und die Verwirklichung neuer Ideen.

> Die richtigen Dinge tun – nicht die Dinge richtig tun!

Um dieser Forderung nachzukommen, bemühen Sie sich, Wichtiges von Unwichtigem zu trennen und bei Ihrer Aufgabenerledigung Prioritäten zu setzen. Jede Aufgabe ist durch zwei Dimensionen gekennzeichnet: **Prioritäten setzen**

1. Wichtigkeit des Inhalts und
2. Dringlichkeit des Erledigungstermins,

wobei immer dieser Grundsatz zu beherzigen ist:

> Wichtigkeit vor Dringlichkeit!

3. Welche Gründe sprechen für eine verstärkte Delegation?

Eisenhower-Prinzip Für eine Schnellanalyse zum Festlegen von Prioritäten bietet sich das nach dem amerikanischen General und späteren Präsidenten *Eisenhower* benannte *Eisenhower-Prinzip* an. Hier werden Wichtigkeit und Dringlichkeit für jede Aufgabenstellung in Beziehung gesetzt, so dass der Bearbeitungswert (Priorität) deutlich wird:

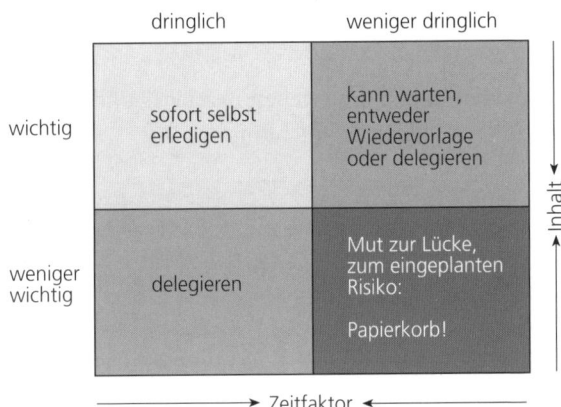

Richten Sie Sperrstunden ein! Verplanen Sie die durch Delegation gewonnene Zeit nicht gleich wieder für zusätzliche Aktivitäten, die Ihr Zeitkonto erneut bis zum Maximum ausfüllen. Nutzen Sie vielmehr diese Stunden, indem Sie bei Ihrem Tagesablauf Sperrstunden vorsehen, in denen Sie sich ganz konsequent durch nichts und von niemandem stören lassen. In solchen Sperrstunden können Sie beispielsweise störungsfrei und ohne terminliche Zwänge

■ langfristige Planungen zu Papier bringen und für den eigenen Zuständigkeitsbereich neue Ideen entwickeln,

■ wichtige Aufgaben bearbeiten, die eine hohe Konzentration erfordern,

3. Welche Gründe sprechen für eine verstärkte Delegation?

- sich mit dem Lesen von Fachliteratur weiterbilden,

- sich mit Themen anfreunden, die außerhalb Ihres eigenen Fachgebietes liegen, die aber in absehbarer Zeit für Sie bzw. Ihr Unternehmen bedeutungsvoll werden können.

Halten wir fest:

> Für jeden Menschen hat der Tag 24 Stunden. Zeit ist ein kostbares, unwiederbringliches Gut, mit dem viele Menschen achtlos umgehen. Nutzen Sie Ihre zur Verfügung stehende Zeit klug, so vollbringen Sie ein Wunder: Sie gewinnen plötzlich kostbare Zeit!

Wenngleich häufig der Zeitaspekt als wesentliches Argument für eine verstärkte Delegation angeführt wird, sind die im Folgenden dargestellten sach- und personalbezogenen Aspekte nicht minder bedeutungsvoll.

+ Ich trage zu größerer Motivation meiner Mitarbeiter bei

Beginnen wir zunächst mit einigen Erkenntnissen aus der Motivationspsychologie: Menschen sind „Mängelwesen", denen immer irgendetwas fehlt. Sie haben persönliche Wünsche, Vorstellungen, Hoffnungen, Sehnsüchte, Leidenschaften, Gelüste und Triebe. Die Aussicht, diese Bedürfnisse zu befriedigen, weckt Energien und erzeugt ein zielgerichtetes Verhalten – die Menschen sind motiviert.

Bedürfnisse wecken Energien

3. Welche Gründe sprechen für eine verstärkte Delegation?

Unterschiedliche Ziele Arbeitspsychologen haben untersucht, wie die vom Mitarbeiter für seine persönliche Bedürfnisbefriedigung eingesetzte Energie gleichzeitig für die Erledigung betrieblicher Aufgaben genutzt werden kann. Da jeder Mensch zielorientiert handelt, um seine Bedürfnisse zu befriedigen, und auch im Unternehmen zielorientiert gearbeitet werden muss, wäre es nahe liegend, eine Übereinstimmung zwischen den persönlichen Zielen des Mitarbeiters und den Zielsetzungen des Betriebes herbeizuführen. Zunächst scheinen die Ziele jedoch nur wenig übereinzustimmen:

  Ziel des Mitarbeiters   Ziel des Betriebes
          ↓   ↓
    größtmögliche   bestmögliche
    Zufriedenheit   Aufgabenerledigung

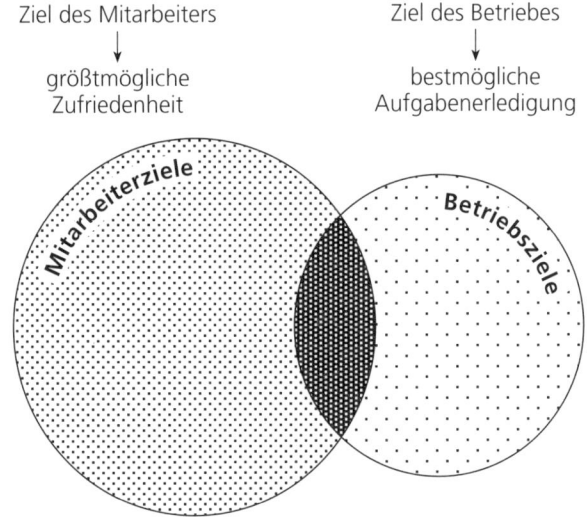

Einklang erreichen Hier setzt die wichtige und eine ständige Herausforderung bedeutende Aufgabe der Führungskraft ein, Mitarbeiterbedürfnisse und damit Mitarbeiterziele den Betriebszielen anzunähern, bis idealerweise die Betriebsziele Bestandteil der Mitarbeiterziele sind:

3. Welche Gründe sprechen für eine verstärkte Delegation?

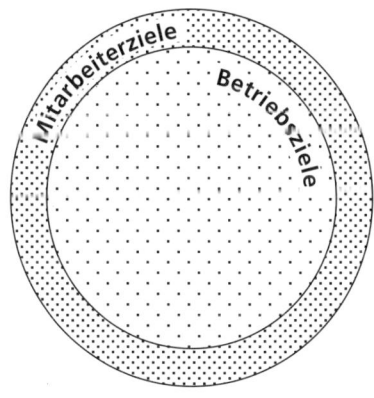

Gelingt dies, werden die Mitarbeiter von sich aus die Ziele anstreben, die sie aus der Sicht des Vorgesetzten auch erreichen sollen. Also: Im Idealfall soll Motivation dazu führen, dass beim Mitarbeiter der Gedanke des „Arbeiten-Müssens" von dem Gefühl des „Arbeiten-Wollens" abgelöst wird. Der Mitarbeiter wird bereit sein, aus eigenem Antrieb Leistung zu erbringen. Erfolge des Mitarbeiters werden auch Erfolge des Vorgesetzten sein. Und welcher Vorgesetzte wollte sich diese Erfolge nicht sichern?

Leistung aus eigenem Antrieb

Zwei Arten von persönlichen Bedürfnissen der Mitarbeiter sind für die Motivation im Betrieb wichtig:

- psychologische Bedürfnisse (Ego-Needs),
- Bedürfnisse nach Selbstentfaltung und Selbstverwirklichung.

Bei den psychologischen Bedürfnissen stehen sozialer Erfolg, Anerkennung, Status und Prestige im Vordergrund. Jeder von uns trägt drei große unsichtbare Spruchbänder auf seiner Brust, auf denen steht: Ich möchte wichtig sein! Ich möchte anerkannt werden! Ich

Erfolgserlebnisse sind unverzichtbar

3. Welche Gründe sprechen für eine verstärkte Delegation?

möchte bewundert werden! Erfolgserlebnisse bilden eine wesentliche Voraussetzung für eine dauerhaft positive Einstellung zur Arbeit und für die Erzielung optimaler Ergebnisse.

Wichtig sein! Anreize auf dieser Bedürfnisebene sind: Aufstiegsmöglichkeiten, übertragene Kompetenzen und Verantwortung, höheres Einkommen (unterstreicht die eigene Wichtigkeit und bedeutet Anerkennung von der Firma und der Umwelt), Anerkennung durch den Vorgesetzten, Beteiligung an betrieblichen Planungen und Entscheidungsfindungen.

Möglichst unabhängig sein! Die Bedürfnisse nach Selbstentfaltung und Selbstverwirklichung sind für die kreative Gestaltung unseres Lebens bedeutungsvoll. Der nach Unabhängigkeit strebende Mitarbeiter ist im Grunde derjenige, der am ehesten für herausgehobene Funktionen in Betracht kommt. Er lässt sich beispielsweise motivieren durch Erteilen von Entscheidungsbefugnissen, durch herausfordernde Arbeiten, durch Selbstkontrolle der Arbeitsergebnisse, durch Wechsel anspruchsvoller Arbeiten und durch freie Entscheidung hinsichtlich der Arbeitsdurchführung.

Zufriedene Mitarbeiter leisten mehr Werden die genannten Bedürfnisse im Berufsalltag befriedigt, führt dies zu einer Verbesserung der Leistung und der Arbeitszufriedenheit. Die Mitarbeiter erleben Anerkennung, Erfolg, Selbstbestätigung und Selbstverwirklichung als positive Spannung und Herausforderung. Diese Bedürfnisse wollen immer wieder befriedigt werden; eine Sättigung tritt nicht ein.

3. Welche Gründe sprechen für eine verstärkte Delegation?

Führungsstil

Der erzielte Erfolg erhöht zudem den Selbstverpflichtungscharakter für die Bewältigung zukünftiger Aufgaben, so dass hohe Qualitäts- und Leistungsstandards auch dann beibehalten werden, wenn äußere Zwänge wegfallen oder die Ertragslage des Unternehmens Einschnitte bei den finanziellen Anreizen notwendig macht.

Erfolg verpflichtet

Demzufolge gelten solche intrinsischen Faktoren, die in der Regel das Leistungsverhalten verbessern (= eine Leistung wird erbracht, weil man Befriedigung durch den Leistungsvollzug selbst erfährt – Aktivität = Selbstzweck), als *Anspornfaktoren*, als *Motivatoren*. Zu ihnen gehören vor allem:

Motivatoren

- Selbstwertbestätigung durch Erfolgserlebnisse (das Selbstwertgefühl wird mit der erfolgreichen Lösung einer Aufgabe verstärkt, ein Bedeutungsgewinn erzielt),

3. Welche Gründe sprechen für eine verstärkte Delegation?

■ Anerkennung durch andere für eine gezeigte Leistung (das Führungsmittel Anerkennung ist ein „lebenswichtiges Vitamin" – siehe Seite 116),

■ Möglichkeiten persönlicher Entwicklung (Freude daran, mit einer beständig schwieriger werdenden Aufgabe mitzuwachsen, Zuwachs an Wissen und Erfahrung),

■ Herausforderung durch eine die Routine durchbrechende ansprechende und den Mitarbeiter fordernde (aber weder über- noch unterfordernde) Tätigkeit,

■ Verantwortungserweiterung mit der Chance, die eigene Persönlichkeit zur Geltung zu bringen.

Motivatoren erhöhen die Arbeitsfreude – ohne Arbeitsfreude geht ein Drittel des Lebens verloren!

> Was der Mensch ist, das ist er durch die Sache, die er zu seiner macht.
> *Karl Jaspers*

Delegation ist ein wichtiger Motivator
Nach diesen grundlegenden Ausführungen zur Motivation der Mitarbeiter erkennen Sie, dass die Delegation ein äußerst wichtiger Motivator ist, der auf Dauer eine Zunahme an Leistungsbereitschaft bewirkt.

Job-Enrichment
Mit der Delegation soll eine qualitative Anreicherung der Arbeitsaufgaben (Job-Enrichment) einhergehen, die den Arbeitsbereich insgesamt interessanter werden lässt und dem Mitarbeiter verstärkt Entfaltungsmöglichkeiten und größeren Handlungsspielraum ermöglicht. Die qualitative Anreicherung der Arbeitsaufgaben wird erreicht, indem der Anteil sich ständig wiederholender eintöniger

3. Welche Gründe sprechen für eine verstärkte Delegation?

Arbeiten abnimmt, während dafür neue Aufgaben in das Arbeitsfeld einbezogen werden. Sowohl vom Inhalt der Tätigkeit als auch von ihrem Schwierigkeitsgrad her erhöht sich das Anspruchsniveau.

Untersuchungen haben ergeben, dass sich nach Aufgabenbereicherungen eine Stärkung der Arbeitsmoral und eine Zunahme der Arbeitszufriedenheit einstellt. Darüber hinaus verschaffen Sie Ihren Mitarbeitern auch die Möglichkeit, **Höhere Arbeitszufriedenheit**

- sich frei zu entfalten
- sinnvoll zu arbeiten
- erfolgreich zu arbeiten.

Jeder Mitarbeiter wehrt sich gegen Bestimmungen, welche seine Handlungen einengen. Besonders Vorschriften vom „grünen Tisch", von „denen da oben", wirken leistungsmindernd. Je mehr Anordnungen bestehen, umso stärker empfinden wir das Gefühl der Abhängigkeit und des Zwangs.

Ein Vorgesetzter ist gut beraten, sich auf seine Führungsverantwortung (siehe Seite 65) zu beschränken, nicht aber für den Mitarbeiter die Handlungsverantwortung (siehe Seite 66) zu übernehmen. Dem Mitarbeiter sollte es selbst überlassen bleiben, den zum Erreichen seiner Ziele einzuschlagenden Weg zu bestimmen. **Der Mitarbeiter übernimmt Verantwortung**

Redewendungen wie „selbst ist der Mann", „sein eigener Herr sein" oder „seines Glückes Schmied sein" drücken das Bedürfnis nach freien Entfaltungsmöglichkeiten aus. Wird dieses Bedürfnis in der Berufstätigkeit – zumindest in Teilbereichen – erfüllt, resultieren hieraus bessere Arbeitsergebnisse.

3. Welche Gründe sprechen für eine verstärkte Delegation?

Sinnlose Arbeit lähmt
Mitarbeiter sind nicht dann am glücklichsten, wenn ihre Arbeitsmenge besonders niedrig ist und sie ständig trödeln können. Kein Mitarbeiter wird sich mit einer Aufgabe identifizieren, die ihm wenig sinnvoll oder gar sinnlos erscheint. Sinnlose Arbeit vermittelt das Gefühl, wie *Sisyphus* einen Felsblock auf den Gipfel eines steilen Berges wälzen zu müssen, von dem er immer wieder herabrollt. Diese Strafe der Götter wird zu wahrhaft unendlicher Qual.

Mitdenken
Wer seine Aufgaben mitplanen, ausführen und kontrollieren kann, begreift die Zusammenhänge. Wer weiß, wo seine Arbeit hingeht, wem sie nützt, erkennt den Sinn seiner Handlungen. Er kann mitdenken, Fähigkeiten entfalten und Ideen einbringen. Er wird herausgefordert und erfährt ein größeres Maß an Arbeitszufriedenheit.

Zusammenhänge begreifen
Achten Sie vor allem bei der Einweisung neuer Mitarbeiter in deren künftigen Tätigkeitsbereich darauf, die Aufgaben nicht nur in ihrem technischen Ablauf darzustellen, sondern diese in einen größeren Zusammenhang zu setzen. Der Mitarbeiter soll seine Funktion in der jeweiligen Organisationseinheit besser verstehen und die Wichtigkeit seiner Tätigkeit erkennen können. Unklare Aufgabenstellungen, deren Sinngehalt vom Mitarbeiter angezweifelt werden, führen zu langsamem, widerwilligem und fehlerhaftem Arbeiten. Hingegen eröffnet eine sinnvolle und abwechslungsreiche Tätigkeit dem Mitarbeiter die Chance Produzentenstolz – „Seht, das ist mein Werk" – zu erleben.

Der Mensch braucht Arbeit
Seit jeher sind Leistung und Arbeit die Grundlagen menschlicher Existenz. Die Evolution zeigt, dass der Mensch auf Anstrengung programmiert ist, auf den Einsatz seines Leistungspotenzials und nicht auf das Schla-

3. Welche Gründe sprechen für eine verstärkte Delegation?

raffenland. Dieses glückliche Land gehört nun mal der Märchenwelt an. Ein Leben ohne Arbeit wäre nicht das Paradies, sondern ein chaotischer Zustand.

Werden in unserer Gesellschaftsordnung Anstrengungen jedoch nicht anerkannt oder vermitteln sie kein Erfolgserlebnis, wird Arbeit zur Schinderei, zur Routine. Erfolgreiches Arbeiten verschafft uns (in der Sprache der Psychologen) Lustgewinn. Erfolgreich arbeiten heißt, Ziele möglichst effektiv zu erreichen.

Würdigen Sie Erfolge!

Als Vorgesetzter vereinbaren Sie mit Ihren Mitarbeitern vernünftige und realistische, das optimal Erreichbare nicht überschreitende Arbeitsziele. Werden diese erreicht, würdigen Sie die erbrachte Leistung, so dass der Mitarbeiter wiederum stolz auf sich und seine Leistung ist. Schließlich wiederholt der Mitarbeiter Handlungen, die zu Erfolgserlebnissen führen.

Dieses Prinzip ist wohl so selbstverständlich, dass es bei manchen Vorgesetzten in Vergessenheit geraten ist. Lassen Vorgesetzte diesen Aspekt unberücksichtigt und erzielen Mitarbeiter daraufhin keine Erfolge mehr, werden auch die Führungskräfte auf Dauer keine Erfolge mehr haben.

Mitarbeiter bewerten das Delegieren als Vertrauensbeweis und als einen Schritt zu größerer Selbstständigkeit, so dass Initiative, Arbeitsfreude und Einsatzbereitschaft steigen. Die stärkere Aktivierung führt zu größerer Leistung, die bei einer zu starken Aktivierung (= Überbelastung) wieder abfällt:

Achtung Überbelastung!

3. Welche Gründe sprechen für eine verstärkte Delegation?

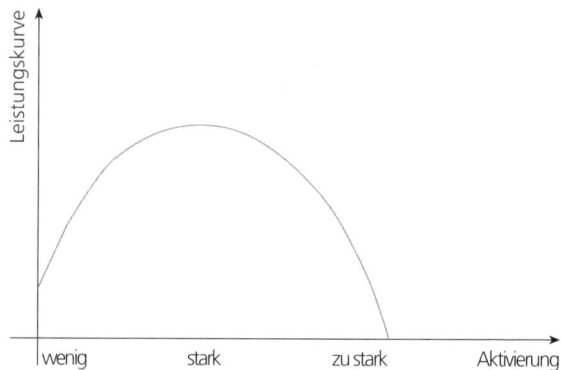

Niemand will nur „Arbeitstier" sein

Die Mehrzahl aller Berufstätigen in Deutschland befindet sich nach wie vor in einer verantwortungsarmen Betätigung. Dass ihnen im Betrieb lediglich die Funktion eines „Arbeitstiers" zugestanden wird, wollen und können die Menschen von heute, politisch frei und mündig, häufig nicht verstehen. Im privaten Bereich übernehmen sie Verantwortung beispielsweise mit der Familiengründung, der Kindererziehung, einem Hausbau oder der Anschaffung teurer Autos. Im Betrieb werden sie immer wieder selbst von unwesentlichen Entscheidungen und Verantwortung fern gehalten. Durch die Übertragung von Kompetenzen und Verantwortung bewirkt Delegation eine erhebliche Verbesserung der Arbeitsmoral.

Delegation hält gute Leute

Delegation spornt Mitarbeiter zum Mitdenken und Mithandeln an. So steigt z. B. auch das Interesse, Arbeitsmittel und Arbeitsabläufe zu verbessern. Und das Unternehmen übt zudem eine große Anziehungskraft auf qualifizierte Kräfte aus bzw. qualifizierte Kräfte wechseln nicht so leicht zu anderen Arbeitgebern. Untersuchungen belegen, dass die Krankheitsrate bei Berufstätigen mit gleicher körperlicher Tätigkeit, die sich aber durch mehr

3. Welche Gründe sprechen für eine verstärkte Delegation?

oder weniger Verantwortung unterschied, um das Dreifache auseinander lag. Hiernach wird die Formel bestätigt:

> Weniger Verantwortung = viel höhere Krankheitsraten.

Das folgende Schaubild verdeutlicht Ihnen noch einmal, wie durch Aufgabenbereicherung hohe Motivation entstehen kann:

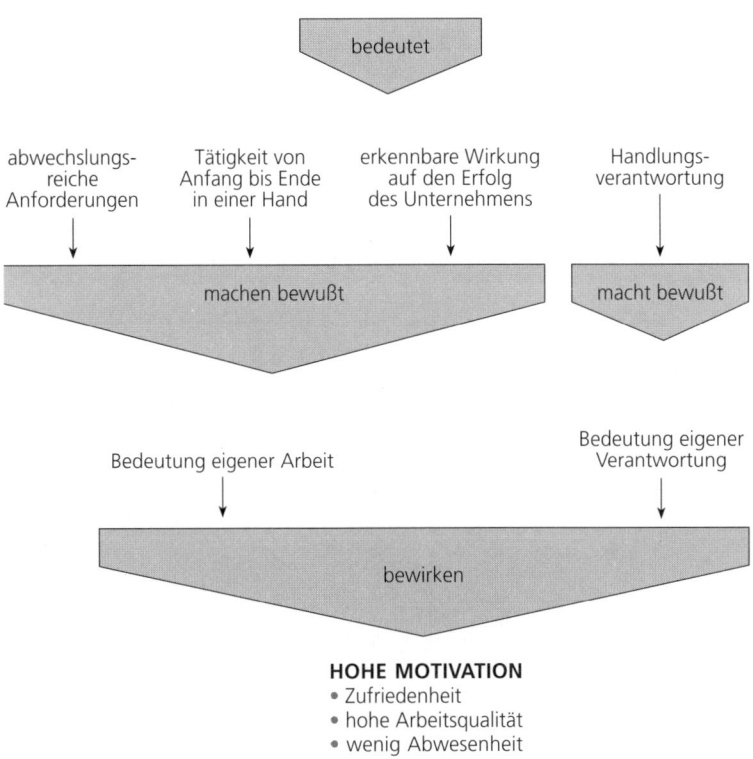

3. Welche Gründe sprechen für eine verstärkte Delegation?

Ein klassisches Beispiel soll vorstehende Ausführungen unterstreichen:

So wurden Putzfrauen motiviert

Die US-Elektronikfirma Texas Instruments ließ ihre Gebäude durch eine auswärtige Firma mit Beschäftigten reinigen, die schlechte Arbeit leisteten und jedes Vierteljahr ausgewechselt wurden.

Mit Beginn eines neuen Jahres wurden eigene Putzfrauen angestellt, denen man in der Arbeitseinteilung weitgehend freie Hand ließ. Das Ergebnis: Von der halben Anzahl der Putzfrauen wurde das Gebäude besser gesäubert und die vierteljährliche Fluktuation betrug nur noch acht Prozent!

Die Putzfrauen bestellten selbst die Reinigungs- und Desinfektionsmittel bei den Lieferanten. Sie forderten die Hersteller auch zur Verbesserung ihrer Erzeugnisse auf. Sie fotografierten besonders saubere und besonders unsaubere Räume und drängten die Führungskräfte, bei ihren Mitarbeitern um mehr Sauberkeit zu bitten. Was diese gute Arbeitsmotivation bewirken kann, zeigt folgende Grafik:

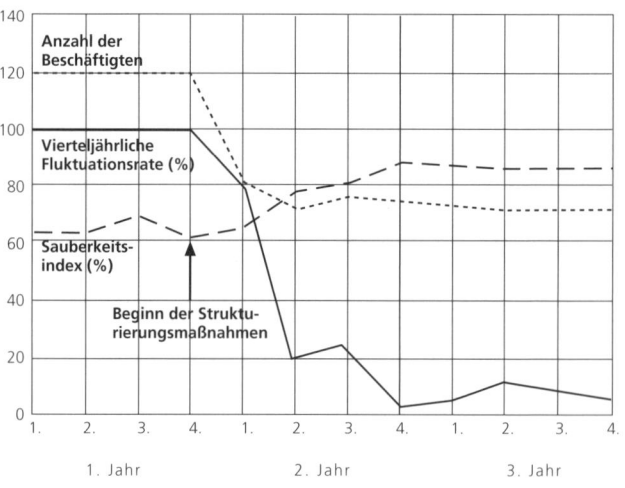

3. Welche Gründe sprechen für eine verstärkte Delegation?

Unterlassen wir also eine Aufgabenbereicherung durch Delegation, dürfen wir nicht erstaunt sein, wenn eine steigende Zahl von Menschen die Berufstätigkeit nach der Devise „Arbeit ist die Würze des Lebens – darf also nur in Maßen genossen werden!" als lästige Pflicht empfindet und die ersehnte Lebenserfüllung nur noch in der Freizeit sucht (freizeitorientierte Schonhaltung).

Experten schätzen, dass nahezu jeder zweite Mitarbeiter sich von seiner Arbeit und den Zielen des Betriebes mittels innerer Kündigung distanziert hat. Äußerlich spielt man zwar immer noch irgendwie mit, um nicht arbeitsrechtlich aufzufallen, aber ansonsten ist man nur noch bereit, das unbedingt Notwendige zu tun, um nicht negativ aufzufallen.

Hälfte der Arbeitnehmer nicht motiviert

+ Ich nutze besser das fachliche Potenzial meiner Mitarbeiter

Das Bildungsniveau der Bevölkerung war in Deutschland noch nie so hoch wie heute. Gegenwärtig verlässt nur noch ein Drittel eines Geburtsjahrganges die Schule mit/ohne Hauptschulabschluss, ein weiteres Drittel bilden Schulabsolventen mit dem mittleren Bildungsabschluss und das restliche Drittel setzt sich aus Abiturienten und Schülern mit Fachhochschulreife zusammen. Angesichts der knappen Ausbildungsplätze treffen Betriebe und Verwaltungen aus diesem Reservoir gut geeigneter Bewerber ihre Auswahl und bilden einen qualifizierten Nachwuchs an Spezialisten mit aktuellem Fachwissen heran.

Nachwuchs ist gut ausgebildet

Dieses Fachwissen liegt oft brach und verkümmert, weil es in der betrieblichen Praxis nicht richtig genutzt wird.

Kenntnisse werden kaum genutzt

3. Welche Gründe sprechen für eine verstärkte Delegation?

Haben Sie selbst eine Ausbildung mit Gesellen-, Gehilfen- oder Facharbeiterprüfung hinter sich, können Sie ein Lied davon singen, wie Sie sich Fachwissen mit sehr hohem Lernaufwand aneignen mussten und sogleich nach der Prüfung ruhigen Gewissens vergessen konnten. Gleiches trifft auf Fachhochschul- und Hochschulabschlüsse sowie auf Fortbildungsprüfungen wie z. B. Meister-, Techniker-, Betriebswirtprüfungen zu.

Aktivieren Sie das Fachwissen Sie als Führungskraft nutzen durch verstärkte Delegation sowohl das sofort abrufbare als auch das teilweise schlummernde und durch Herausforderung wieder zu aktivierende Know-how Ihrer Spezialisten. Auf das Fachwissen Ihrer gut motivierten Mitarbeiter sind Sie zwingend angewiesen, es ist ein ausschlaggebender Garant für das Fortbestehen eines Betriebes in einer schnelllebigen und marktorientierten Zeit.

Je höher Sie in der betrieblichen Hierarchie aufsteigen, um so mehr verringert sich der Anteil Ihrer Sachaufgaben zugunsten der Führungsaufgaben (siehe Seite 80):

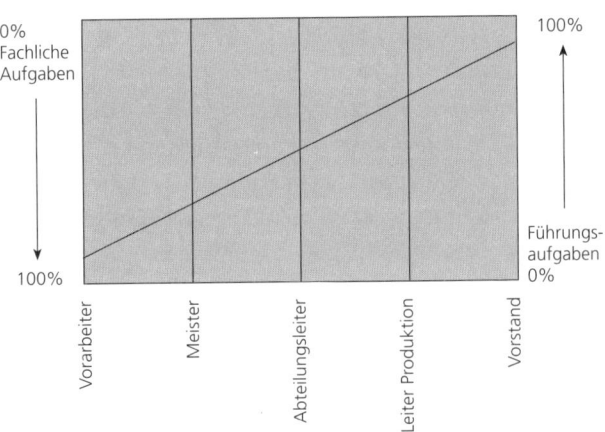

3. Welche Gründe sprechen für eine verstärkte Delegation?

Vorgesetzte werden immer mehr zu Generalisten mit einem in die Breite gehenden Fachwissen. Sie führen die Spezialisten mit einem in die Tiefe gehenden Fachwissen zielorientiert und situationsabhängig.

Generalisten führen Spezialisten

Der deutsche Universalgelehrte *Gottfried Wilhelm Leibniz* behauptete vor 300 Jahren selbstgefällig von sich: *Ich beherrsche das Wissen meiner Zeit.*

Würde heute jemand ernsthaft diese Aussage treffen, könnte er nur mit einem müden Lächeln von uns rechnen. Trotz moderner Informationstechnologie wissen wir, dass die Zeiten des *Zwerg Allwissend* auch künftig der Märchenwelt zugeordnet werden müssen. Wohl oder übel akzeptieren wir bei der über uns hereinbrechenden Wissens- und Informationsflut das Wortspiel:

Flut der Informationen

> Immer mehr Menschen wissen über immer weniger immer mehr.

Sie als erfolgsorientierte Führungskraft können es sich auf Dauer nicht leisten, auf die Sachkompetenz und die Situationskenntnis Ihrer Mitarbeiter zu verzichten. Würden Sie sich auf das fachliche Know-how Ihrer Mitarbeiter nicht verlassen, sondern die Auffassung vertreten, dass Sie als Vorgesetzter alles besser wissen und können als Ihre Mitarbeiter, kämen diese bald zu dem vernichtenden Urteil: Der Chef weiß zwar nicht alles, dafür weiß er alles besser!

Sachkompetenz der Mitarbeiter nutzen

Als Vorgesetzter besitzen Sie heutzutage nicht mehr alle für die Aufgabenerledigung erforderlichen technologischen und ökonomischen Kenntnisse. Wollten Sie dennoch aus falschem Ehrgeiz und unter großen Mühen beweisen, dass Sie auf dem Laufenden sind, käme es für

Ihr falscher Ehrgeiz wirkt verletzend

3. Welche Gründe sprechen für eine verstärkte Delegation?

Sie zu einem unangemessen hohen Energieaufwand. Ihre Mitarbeiter würden in ihrem Prestige verletzt und sich zum bloßen Handlanger degradiert fühlen. Sie würden ihr Engagement für das Unternehmen reduzieren und bei der erstbesten Gelegenheit zu einem anderen Arbeitgeber wechseln, der sie als Fachleute akzeptiert und ihrer Qualifikation entsprechend einzusetzen versteht. Merke:

> **Mitarbeiter verfügen zumeist über mehr Fachkompetenz, als bisher von Ihnen abgerufen wurde. Je mehr Fachaufgaben von Ihren Spezialisten übernommen werden, umso erfolgreicher können Sie sich Ihren Führungsaufgaben widmen.**

+ Ich betreibe Personalentwicklung mittels Delegation

Stellen wir ein Beispiel an den Beginn:

Ausführende Arbeiten *Ein gewerblicher Arbeitnehmer soll in wechselnden zeitlichen Abständen nach Zeichnung nicht mehr lieferbare Ersatzteile herstellen. Nach der herkömmlichen Vorgehensweise werden vom Meister die Ziele gesetzt, die Planungen vorgenommen sowie Entscheidungen getroffen und Kontrollen durchgeführt. Dem Mitarbeiter obliegt lediglich die Ausführung:*

- *Material holen,*
- *Sägen, Feilen, Löten, Drehen, Schweißen usw.,*
- *Werkstück säubern,*
- *Zusammenbauen.*

Verantwortungsvolle Arbeit *Das Verantwortungspaket dieses Facharbeiters erweitert sich nach vollzogener Delegation:*

3. Welche Gründe sprechen für eine verstärkte Delegation?

- *Ziele vereinbaren (gemeinsam mit dem Meister): Termine, Kostenrahmen, Stückzahl,*
- *Planen: Arbeitsgänge, Materialien, Verfahren, Zeitablauf, Hilfskräfte, Einschalten anderer Arbeitsbereiche,*
- *Entscheiden: Anzahl der Arbeitsgänge, Art der Materialien und Verfahren, Zeiteinteilung,*
- *Ausführen: Material holen, Sägen, Feilen, Löten, Drehen, Schweißen usw., Werkstück säubern, Zusammenbauen,*
- *Kontrollieren: Inspektion, Funktionstest, Nachbesserung.*

Ist der Mitarbeiter nur die herkömmliche Vorgehensweise gewöhnt, muss er „aufgebaut" werden, um den künftigen Delegationsrahmen erfolgreich ausfüllen zu können. Hier setzt Personalentwicklung ein.

Unter Personalentwicklung sind alle Maßnahmen zu verstehen, die der individuellen beruflichen Entwicklung der Mitarbeiter dienen und ihnen unter Beachtung ihrer persönlichen Interessen Qualifikationen vermitteln, die für aktuelle und zukünftige Aufgaben notwendig sind.

Qualifikationen erweitern

Oft steht bei den Überlegungen zur Mitarbeiterentwicklung und -förderung die Teilnahme an betriebsinternen oder -externen Fortbildungen im Vordergrund. Da in Seminaren arbeitsplatzspezifische Aspekte nicht immer ausreichend behandelt werden können und die Umsetzung des vermittelten Stoffes in den Arbeitsalltag bisweilen Probleme bereitet, soll folgend eine spezielle, aber fast schon alltägliche Form der Personalentwicklung angesprochen werden: das *Coachen* von Mitarbeitern durch den Vorgesetzten.

Coaching am Arbeitsplatz

3. Welche Gründe sprechen für eine verstärkte Delegation?

Bereitet eine Führungskraft Mitarbeiter auf immer qualifiziertere Tätigkeiten durch Delegation von neuen und herausfordernden Aufgaben vor, leistet sie individuelle Personalentwicklung. Hier hilft Delegation, die Selbstständigkeit, Initiative und Kompetenz von Mitarbeitern zu fördern und zu entwickeln nach dem Motto:

> **Fördern durch Fordern,** denn
>
> **Der Mensch lernt in der Praxis** und
>
> **Erfahrung ist der beste Lehrmeister.**

Reifegrad anheben — Delegation hilft, Mitarbeiter in ihrem Leistungspotenzial aufzubauen und damit Ihren Reifegrad (siehe Seite 91) zu erhöhen. Zwar wird mancher Mitarbeiter Ihre Vorgehensweise vielleicht kurzfristig als unbequem betrachten, längerfristig wird er Ihnen jedoch dankbar sein.

Suchen Sie das Gespräch! — Erörtern Sie auch in zwanglosen Gesprächen mit Ihren Mitarbeitern deren berufliche Zukunftsvorstellungen, so wird Ihre gezielte Förderung sicher akzeptiert. Zumeist wird der Mitarbeiter hierbei das entgegengebrachte Vertrauen und Wohlwollen erkennen, was wiederum Quelle verstärkter Motivation ist. Wie das Höchstmögliche für die betriebliche Aufgabenerledigung erreicht werden kann, zeigt diese Formel:

> **Leistungsniveau = Motivation x (Fähigkeiten und Fertigkeiten)**

Gute Führungskräfte haben gute Mitarbeiter — Die Qualität einer Führungskraft lässt sich auch an der zunehmenden Qualifizierung ihrer Mitarbeiter ablesen. Nur schwache Vorgesetzte behindern das berufliche Fortkommen ihrer Mitarbeiter!

3. Welche Gründe sprechen für eine verstärkte Delegation?

Ihr Coaching kann schließlich dazu führen, dass Sie einen Mitarbeiter über Delegation so gut aufbauen, dass er Ihnen verloren geht. Diesen Verlust werden Sie verschmerzen, da der Mitarbeiter im Laufe seiner Tätigkeit vermehrt gute Leistungen gebracht hat und anderen Mitarbeitern so zeigen konnte, dass sich Anstrengungen lohnen.

Aufstieg motiviert auch andere

Ist ein Mitarbeiter mit seiner gegenwärtigen Position rundum zufrieden und zeigt er kein Interesse an einem beruflichen Fortkommen, werden Sie ihn dennoch in Ihre Delegationsbemühungen einbeziehen. Auch dieser Mitarbeiter kann sein Know-how und seine Einsatzbreite erweitern, auch wenn dies in einem bescheidenerem Umfang geschieht als bei dem um Ausbau seiner Karriere bemühten Mitarbeiter. Nähere Informationen zur Unterweisung Ihrer Mitarbeiter finden Sie auf Seite 93.

Es muss nicht immer Karriere sein

Die wertvollste Investition ist die in den Menschen.
Rousseau

+ Ich sorge dafür, dass bessere Entscheidungen auf den richtigen Ebenen getroffen werden

Vielfach klagen Mitarbeiter, dass sie Entscheidungsvorbehalte übergeordneter Stellen beachten müssen, obwohl sie problemlos in der Lage wären, selbst zeitlich und sachlich angepasst Entscheidungen zu treffen. Ist zusätzlich noch ein langer Instanzenweg zu beachten, würgt dieser den Elan engagierter Mitarbeiter ab.

Lange Wege lähmen

Im Rahmen des Delegationsprinzips werden betriebliche Entscheidungen jeweils von den Mitarbeitern auf den Ebenen getroffen und verantwortet, zu denen sie ihrem Wesen

Unterschrift vom Zuständigen

3. Welche Gründe sprechen für eine verstärkte Delegation?

nach gehören. So trifft ein Sachbearbeiter für seinen Zuständigkeitsbereich anstehende Entscheidungen selbst, ohne erst den Vorgesetzten um Zustimmung zu bitten oder gar auf dem Dienstweg die Entscheidung einer vorgesetzten Stelle zu erbitten, die nach späterer Bekanntgabe wegen einer zwischenzeitlich veränderten Sachlage keinerlei Aktualität besitzt. Auch werden Unterschriften vom zuständigen Sachbearbeiter geleistet und nicht von dessen Vorgesetzten. Mit dieser einfachen organisatorischen Änderung verliert dieser Spruch seine Gültigkeit: *In unserer Firma gibt es wenige Signierer, aber sehr viele Resignierer.*

Schnellere Ergebnisse Reaktionsfähigkeit und Entscheidungsqualität eines Unternehmens werden erhöht, da Delegation zu schnelleren und besseren Entscheidungen führt. Spezialisten treffen für ihren Arbeitsbereich im Schnitt bessere Entscheidungen als ein einzelner Vorgesetzter für alle Arbeitsbereiche seiner Mitarbeiter.

Weniger Risiko Dies verwundert nicht, denn regelmäßig verfügt der Spezialist über bessere Entscheidungsgrundlagen als der „über den Dingen stehende" und „das Große und Ganze" beachtende Vorgesetzte. Mit der Verteilung von Aufgaben, Kompetenzen und Verantwortung auf mehrere Personen wird auch das Gesamtrisiko verringert.

Entlastung für Sie! Da Sie nach durchgeführter Delegation einen Teil der bisherigen Entscheidungen nicht mehr zu treffen brauchen, können Sie sich auf bedeutende Entscheidungen und außerordentliche Fragen konzentrieren. Die Qualität der Ihnen verbliebenen Entscheidungen können Sie nach der Delegation anderer Entscheidungen stetig verbessern, denn Sie haben nach der Entlastung von täglicher Kleinarbeit Zeit gewonnen, so dass Sie nichts mehr nach der Ksf-Methode (kurz, schnell, falsch) überstürzen müssen.

3. Welche Gründe sprechen für eine verstärkte Delegation?

+ Ich sichere den Betrieb / meine Abteilung bei meinem plötzlichen Ausfall

Ein Beispiel soll diesen Pluspunkt des Delegierens deutlich machen.

Ein Pferdeexperte hatte sich mit einem Pferdehandel selbstständig gemacht und nach einigen äußerst arbeitsreichen Jahren einen Betrieb auf die Beine gestellt, der in Fachkreisen allgemein Anerkennung fand. So blieb es nicht aus, dass auch kaufwillige Interessenten aus ganz Deutschland und dem europäischen Ausland immer wieder vorsprachen und auch namhafte Turnierreiter einen Teil ihres Pferdebestandes diesem Handelsunternehmen zum Verkauf in Kommission gaben.

Erfolgreicher Händler

Nach Altvätersitte und dem Motto „Ein Mann, ein Wort" wurden Pferdeankäufe und -verkäufe mit Handschlag besiegelt und die Vierbeiner wechselten häufig gegen Barzahlung ohne Quittung den Besitzer. Die Abstammungen der Pferde, ihre Turniererfolge, die bisherigen Besitzer, die gegenwärtigen Besitzverhältnisse und alle weiteren Einzelheiten waren fein säuberlich gespeichert – nicht im PC des Betriebes, nicht in sorgfältig geführten handschriftlichen Karteien, sondern allein im Kopf des Betriebsinhabers.

Alles in einer Hand

Für das Training der Springpferde war die Tochter zuständig. Die Dressurpferde befanden sich in Obhut eines renommierten Ausbilders. Der Futtermeister war um das Wohlergehen der Pferde bemüht. Weitere Mitarbeiter standen für Ausbildung, Pflege, Transport usw. zur Verfügung. Aber alle darüber hinausgehenden Dinge hatte der Inhaber selbst fest im Blick: Jegliche Geschäftsbeziehungen, der gesamte Ankauf und Verkauf, sämtliche Zahlungs-

3. Welche Gründe sprechen für eine verstärkte Delegation?

modalitäten, diverse Verpflichtungen – hierfür war der Chef unentbehrlich, weil niemand einen Überblick hatte.

Jede Entscheidung wurde von ihm selbst gefällt, die gesamte Organisation war auf ihn zugeschnitten, ohne ihn lief nichts. Selbst seine durchaus interessierte Tochter, die später einmal den Betrieb übernehmen sollte, erhielt keinen Einblick in die geschäftlichen Zusammenhänge. Sie wurde auf entsprechende Bitten immer wieder vertröstet: „Das erfährst du alles noch früh genug, das kann ich alles ganz gut alleine schaffen, denn ich gehöre noch lange nicht zum alten Eisen."

Die mit dieser Organisation zwangsläufig einhergehende extreme Belastung war möglicherweise Auslöser für einen erhöhten Alkoholkonsum, der schließlich zu extremem Bluthochdruck und weiteren körperlichen Problemen führte.

Das Chaos ist programmiert

Ohne Vorwarnung erlag der Betriebsinhaber eines Nachts den Folgen eines Schlaganfalls. Im Betrieb war die Verwirrung – besser gesagt das Chaos – kaum mehr zu beschreiben. Niemand war über die laufenden Geschäftsvorgänge informiert: Plötzlich wollten Käufer Pferde wegen angeblich nicht feststellbarer Zusicherungen gegen Erstattung eines wesentlich überhöhten Kaufpreises zurückgeben, andere Kunden hatten noch offene Teilzahlungsraten plötzlich „schon längst" bezahlt, in Kommission gegebene Pferde (und nicht nur die) wurden sofort von ihren Eigentümern abgeholt, bezahltes Futter wurde erneut in Rechnung gestellt usw.

Niedergang auf einen Schlag

Nach einigen Tagen stellte sich heraus, dass erhebliche Kredite in Anspruch genommen worden waren, die das Kreditinstitut im Vertrauen auf die Leistungsfähigkeit und die geschäftlichen Erfolge des früheren Inhabers gewährt

3. Welche Gründe sprechen für eine verstärkte Delegation?

hatte. Da nach dem Tod des Firmeninhabers der Fortbestand des Unternehmens gefährdet erschien, kündigte die Bank den Kredit zum nächstmöglichen Termin.

Mit einem Satz: Der Betrieb überlebte nur wenige Wochen den Pferdehändler; die gesamte Anlage samt Wohnhaus der Familie kam unter den Hammer.

Für Speiserestaurants kann der Hinweis „Hier kocht der Chef selbst" eine gute Werbung darstellen. In kleineren Unternehmen kann diese Mentalität wie in beschriebenem Beispiel zum Ruin führen.

Delegation stellt eine unerlässliche vorbeugende Maßnahme gegen unvorhersehbare Ausfälle dar. Durch die Verlagerung von Aufgaben und Zuständigkeiten auf mehrere Schultern wird der plötzliche Ausfall einer Führungskraft weit eher verkraftet als in dem dargestellten Beispiel, in dem nur eine Person über die wichtigen betriebsrelevanten Informationen verfügte. **Delegation schafft Sicherheit**

Führungskräfte in einem Angestelltenverhältnis sind zudem auf eine weitere Gefahr hinzuweisen: Befinden sich sämtliche Fäden nur in Ihren Händen, so sind Sie unentbehrlich. Beinahe zwangsläufig werden Sie länger als nötig im Betrieb sein, sogar nach Feierabend erreichbar sein und selbst noch im Urlaub mit Ihrem Betrieb Kontakt halten. **Bewahren Sie Ihre Freizeit!**

Wird wohl in diesem Fall Ihr direkter Vorgesetzter der Versetzung in eine andere Abteilung zwecks Beförderung zustimmen? Von Ihrem Vorgesetzten werden Sie kaum erwarten können, dass er sich für den Weggang eines unentbehrlichen Mitarbeiters stark macht und sich damit den Ast absägt, auf dem er sitzt. **Bleiben Sie versetzbar!**

3. Welche Gründe sprechen für eine verstärkte Delegation?

Fazit:

> **Wollen Sie Karriere machen, sollten Sie in Ihrem eigenen Interesse ein überdurchschnittlicher Delegierer sein!**

Was ist unter Delegation zu verstehen?

Früher beschränkte sich die Delegation auf die Übertragung von Aufgaben, das heißt, es wurde die fehlerfreie Ausführung von Detailaufgaben gefordert. Die Entscheidungen oblagen jedoch der nächsthöheren Instanz, dem Vorgesetzten. Im Sinne zeitgemäßer Mitarbeiterführung kann diese Form der Delegation nicht zufrieden stellen.

Prinzip hat sich gewandelt

Heute gehören zur Delegation die Übertragung von *Aufgaben* oder Tätigkeiten aus dem Funktionsbereich eines Vorgesetzten auf einen Mitarbeiter

Drei Elemente

und

die Zuweisung der für die Aufgabenerfüllung notwendigen sachlichen, finanziellen, personellen *Kompetenzen* (= Rechte/Befugnisse, alle zur Erfüllung der Aufgabe notwendigen Handlungen vorzunehmen und Entscheidungen selbstständig zu fällen)

und

die *Verantwortung* für die sachgerechte Durchführung der Aufgabe (Handlungsverantwortung = Bereitschaft des Mitarbeiters, über Erfolg und Misserfolg Rechenschaft abzulegen).

4. Was ist unter Delegation zu verstehen?

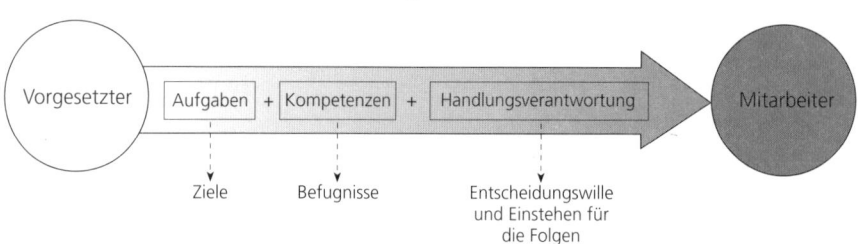

Noch einmal: Gleichzeitig mit der Übertragung von Aufgaben (= Vervielfältigung der ausführenden Hände) werden die erforderlichen Kompetenzen (= Vervielfältigung der mitdenkenden und mithandelnden Köpfe) und die Verantwortung (= Vervielfältigung der tragenden Schultern) delegiert.

Hierzu ein Beispiel:

Delegationsbereich eines Meisters *Maschinenschlossermeister Krüger leitet eine Reparaturabteilung, die aus ihm, den Maschinenschlossern Wertz und Kohlig sowie dem Werkzeugmacher Moritz besteht. Die Reparaturabteilung ist dem Produktionsleiter Fischer unmittelbar unterstellt.*

Meister Krüger hat die Aufgabe, Reparaturen in der Produktion auf ein Minimum zu begrenzen und bei niedrigen Kosten durchzuführen, wobei ein möglichst reibungsloser Produktionsablauf zu gewährleisten ist.

Meister Krüger wurden zur Erledigung dieser Aufgabe Kompetenzen zugestanden:

4. Was ist unter Delegation zu verstehen?

- *Material und Ersatzteile gemäß Liste vom Lager anzufordern,*
- *zu entscheiden, wann vorbeugende Instandsetzung vorzusehen ist,*
- *zu entscheiden, ob Maschinen und Anlagen zu reparieren sind, generalüberholt werden müssen oder durch neue zu ersetzen sind,*
- *Mitarbeiter seinen Vorstellungen entsprechend einzusetzen.*

Meister Krüger trägt für seine Entscheidungen die Verantwortung. Er wird hierfür auch zur Rechenschaft gezogen.

Wären in diesem Beispiel lediglich die Aufgaben an Meister Krüger delegiert worden, müsste er bei jeder Entscheidung den Produktionsleiter Fischer ansprechen. Fischer müsste die Entscheidungen treffen und hierfür auch die Verantwortung übernehmen. Möglicherweise müsste Fischer für viele Entscheidungen und Handlungsergebnisse „seinen Kopf hinhalten", **Aufgabenübertragung allein reicht nicht**

- die er wegen mangelnder Zeit nicht genau prüfen, einordnen und bewerten kann und
- für die ihm Meister Krügers hohes Maß an Sachkompetenz fehlt.

Der Mitarbeiter erhält beim Delegationsprinzip einen Zuständigkeitsbereich, in dem er selbstständig zu planen, zu entscheiden und zu handeln berechtigt und verpflichtet ist. Im Idealfall denkt und handelt er „unternehmerisch". Somit nähern wir uns der Forderung eines amerikanischen Unternehmensberaters: **Unternehmerisch denken!**

> **Jeder Mitarbeiter eine Führungskraft!**
> **Jeder Mitarbeiter ein Unternehmer im Unternehmen!**

4. Was ist unter Delegation zu verstehen?

Verantwortung wird aufgeteilt

Jeder im Betrieb, ob Mitarbeiter ohne Personalverantwortung, ob Vorarbeiter, Meister, Betriebsleiter oder Unternehmensleiter, trägt Verantwortung für seinen klar umrissenen und gegen andere Aufgabengebiete abgegrenzten Delegationsbereich einschließlich übertragener Kompetenzen. Dennoch bleibt der jeweilige Vorgesetzte Garant der Arbeitsausführung gegenüber der nächsthöheren Leitungsebene. Er trägt letztlich die Verantwortung für eine termin- und kostengerechte, qualitativ und quantitativ den Anforderungen entsprechende Aufgabenausführung.

Genau genommen bedeutet Delegation von Verantwortung die Verteilung von Verantwortung auf Mitarbeiter und Vorgesetzte.

4. Was ist unter Delegation zu verstehen?

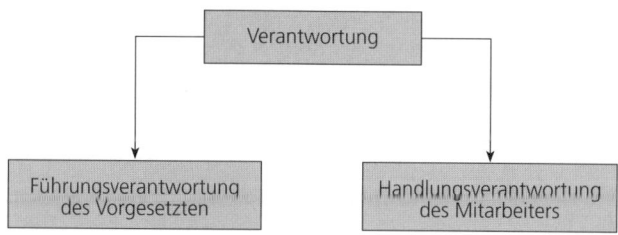

Überträgt ein Vorgesetzter aus seinem Aufgabengebiet einzelne Teilaufgaben mit entsprechenden Kompetenzen auf Mitarbeiter, dann bleibt ihm auch für diese Teilaufgaben die Führungsverantwortung, während dem Mitarbeiter die Handlungsverantwortung zukommt.

Führungsverantwortung bedeutet: Der Vorgesetzte hat für das einzustehen, was zu seinen Vorgesetztenpflichten zählt. Er ist nicht für alles zur Verantwortung zu ziehen, was in seiner Abteilung geschieht. Für Fehler seiner Mitarbeiter wird er nur dann zur Rechenschaft gezogen, wenn er seiner nicht delegierbaren Führungsverantwortung nicht nachgekommen ist. Dazu gehört

Führungsverantwortung

- den Mitarbeiter mit der notwendigen Sorgfalt auszusuchen oder – falls er keinen Einfluss auf die Auswahl hatte – darauf hinzuweisen, dass die Stelle nicht richtig besetzt ist,

- den Mitarbeiter richtig einzuführen und ausreichend zu informieren,

- exakte Stichproben- und Erfolgskontrollen über den Mitarbeiter in fachlicher wie führungsmäßiger Hinsicht auszuüben,

4. Was ist unter Delegation zu verstehen?

- den Mitarbeiter in seinem Verhalten wie in seiner Leistung durch konstruktive Kritik zu korrigieren bzw. durch Anerkennung zu bestätigen,

- die gesetzten Grenzen gegenüber seinem Mitarbeiter zu beachten (Verbot des „Durchregierens": Ebenso wenig wie ein Vorgesetzter daran denkt, in die Arbeit eines Rechts-, Steuer- oder Unternehmensberaters einzugreifen, ebenso wenig darf er in den Delegationsbereich seines Mitarbeiters hineinregieren. Mit dem Verbot des Durchregierens wird der Mitarbeiter vor willkürlichen Eingriffen des Vorgesetzten in seinen Aufgabenbereich geschützt. Was delegiert wurde, gehört nicht mehr zu den Fachaufgaben des Vorgesetzten!).

Hat der Vorgesetzte diese Regeln nicht beachtet, ist er für Fehler seiner Mitarbeiter verantwortlich zu machen. Diese werden dann von ihrer Handlungsverantwortung frei.

Handlungs- verantwortung

Handlungsverantwortung bedeutet: Der Mitarbeiter trägt die Verantwortung für die ordnungsgemäße Erledigung der an ihn delegierten Aufgaben. Er muss selbst für all das einstehen, was er nach bestem Wissen und Gewissen im delegierten Bereich tut (z. B. richtige / falsche Entscheidungen) oder nicht tut (z. B. Fristversäumnis, Nichtwahrnehmung eines Termins). Er ist also stets für Erfolge oder Misserfolge in seinem Handlungsbereich verantwortlich zu machen, was im Extremfall auch bedeutet, dass er seinen Stuhl räumt. Demgegenüber ist der Vorgesetzte nur dann in Verantwortung zu nehmen, wenn er nicht seiner Führungsverantwortung dem Mitarbeiter gegenüber nachgekommen ist.

4. Was ist unter Delegation zu verstehen?

Hiernach erkennen Sie, dass die eindeutige Trennung von Handlungs- und Führungsverantwortung eine wichtige Voraussetzung dafür ist, zutreffend klären zu können, wer für einen Fehler einzustehen hat.

Fehler werden zugeordnet

Welche Aufgaben sollten Sie delegieren, welche nicht?

Der leere Schreibtisch Von der Notwendigkeit einer verstärkten Delegation überzeugt, könnten Sie sich im Extremfall von dem Vorsatz leiten lassen, nun alles zu delegieren. Nach einiger Zeit würden Sie nicht mehr tagtäglich mit einem Wust von Papieren eingedeckt und Ihr Schreibtisch würde nicht mehr einem Schlachtfeld gleichen. Sie könnten es endlich schaffen, bis zur Holzplatte Ihres Schreibtischs vorzudringen und diese zur Fußablage umzufunktionieren.

5. Welche Aufgaben sollten Sie delegieren, welche nicht?

Dies wäre allerdings ein untaugliches Vorhaben: Erfahrungsgemäß entziehen Mitarbeiter Allesdelegierern bald ihre Loyalität. Deshalb werden Sie vor dem Delegieren Überlegungen anstellen, welche Aufgaben mit Kompetenzen und Verantwortung Sie sinnvollerweise an Mitarbeiter übertragen können und welchen Aufgaben Sie sich selbst widmen müssen.

Sinnvolle Aufgabenteilung

In der folgenden Übung nehmen Sie bitte Stellung, in welchen Fällen Ihrer Ansicht nach eine Delegation möglich ist bzw. nicht in Betracht kommt. Ab Seite 71 finden Sie die richtigen Antworten mit den entsprechenden Erläuterungen.

Ein Test für Sie!

Was kann delegiert werden?

	delegierbar	nicht delegierbar
1. Richtige Ausführung der übertragenen Aufgaben	☐	☐
2. Mitarbeiter mit wichtigen Informationen für den Arbeitsbereich versorgen	☐	☐
3. Kontrolle der Entscheidungen der Mitarbeiter	☐	☐
4. Übliche Entscheidungen im Arbeitsbereich des Mitarbeiters treffen	☐	☐
5. Neue Mitarbeiter in den künftigen Tätigkeitsbereich einweisen	☐	☐
6. Periodische Mitarbeiterbeurteilungen abgeben	☐	☐
7. Art der Arbeitsausführung bestimmen	☐	☐

5. Welche Aufgaben sollten Sie delegieren, welche nicht?

	delegierbar	nicht delegierbar
8. Überschneidungen in den Verantwortungsbereichen einzelner Mitarbeiter vermeiden	☐	☐
9. Routineaufgaben, Einzelheiten und unterstützende Tätigkeiten ausführen	☐	☐
10. Außergewöhnliche Fälle erledigen	☐	☐
11. Aufgaben erledigen, die von anderen besser, schneller und preiswerter ausgeführt werden können	☐	☐
12. Pläne und Projekte endgültig festlegen	☐	☐
13. Wichtige Aufgaben wahrnehmen, die unter zeitlichem Druck ohne verzögernde Rückfragen oder Überprüfungen zu erledigen sind	☐	☐
14. Aufgaben, für die nur Sie die sicherheitsmäßigen Voraussetzungen erfüllen, sowie streng vertrauliche Angelegenheiten übernehmen	☐	☐
15. Detailfragen für eine demnächst zu treffende Entscheidung prüfen	☐	☐
16. Die Führungsmittel Anerkennung und Kritik anwenden	☐	☐

5. Welche Aufgaben sollten Sie delegieren, welche nicht?

Antworten:

1. **Richtige Ausführung der übertragenen Aufgaben**
   – delegierbar
   Dies ist zweifelsohne eine Mitarbeiteraufgabe. Dass die Tätigkeiten möglichst fehlerfrei zu erledigen sind, versteht sich von selbst. Hierfür trägt der Mitarbeiter die Handlungsverantwortung. Reißt ein Vorgesetzter bei seiner Meinung nach unzweckmäßiger Ausführung die Arbeit seiner Mitarbeiter an sich, fühlen sich die Mitarbeiter zunehmend verunsichert und beginnen schließlich an ihrer eigenen Leistungsfähigkeit zu zweifeln.

   Mitarbeiter nicht verunsichern

2. **Mitarbeiter mit wichtigen Informationen für den Arbeitsbereich versorgen**
   – nicht delegierbar
   Zur Führungsverantwortung des Vorgesetzten gehört die rechtzeitige und ausreichende Versorgung der Mitarbeiter mit wichtigen und verständlichen Informationen. Es kann sich sowohl um aufgabenbezogene Informationen handeln als auch um Informationen über organisatorische Fragen innerhalb des Betriebes und auch um aktuelle Informationen über die Außenwelt der Firma. Gut informierte Mitarbeiter sind eher in der Lage, das Entscheidungsrisiko zu vermindern (siehe auch Seite 111).

   Vermindern Sie das Risiko!

3. **Kontrolle der Entscheidungen der Mitarbeiter**
   – nicht delegierbar
   Kontrolle ist eine nicht delegierbare Führungsaufgabe, auf die der Vorgesetzte nicht verzichten darf. Würde er dennoch delegieren, käme er seiner Führungsverantwortung nicht mehr nach. Die Bedeutung der Kontrolle liegt oft darin, dass sie Fehlentscheidungen von vornherein verhindert (Verhütungswirkung der Kontrolle). Allerdings ist eine übermäßige Kontrolle zu vermeiden, die die

   Fehler verhüten

5. Welche Aufgaben sollten Sie delegieren, welche nicht?

Arbeitsmoral untergräbt (siehe Seite 116). Vielmehr setzen Sie vorrangig Stichproben- und Ergebniskontrollen ein, bei denen der Aufwand im richtigen Verhältnis zu dem erwarteten Ergebnis steht (siehe Seite 114).

4. Übliche Entscheidungen im Arbeitsbereich des Mitarbeiters treffen
– delegierbar

Achten Sie die Kompetenzen! Mit der Aufgabe wird dem Mitarbeiter auch die Entscheidungskompetenz übertragen. Da er die Handlungsverantwortung trägt, hat er für Handlungen in seinem Aufgabenbereich selbst einzustehen und für Fehler bei der Erfüllung seiner Aufgaben die Verantwortung zu übernehmen.

5. Neue Mitarbeiter in ihren künftigen Tätigkeitsbereich einweisen
– nicht delegierbar

Schnell zu voller Leistung Die systematische Einführung neuer Mitarbeiter ist Aufgabe des Vorgesetzten. Hierfür trägt er die Führungsverantwortung (siehe Seite 65). Er ist die Schlüsselperson für eine überlegte, sinnvolle und nicht den Eingebungen des Augenblicks folgende Einführung, damit sich der neue Mitarbeiter in der fremden Umgebung schnell heimisch fühlt und seine volle Leistungsfähigkeit erreicht.

Die Rolle des Betriebspaten Behält der Vorgesetzte dies im Auge, kann er einen Betriebspaten als Ansprechpartner für den Neuen bestellen. Geeignet ist ein erfahrener, loyaler Mitarbeiter, der

- ■ den Neuen unter seine Fittiche nimmt und ihm von Beginn des Arbeitsverhältnisses an ein gewisses Maß an „Nestwärme" vermittelt,

5. Welche Aufgaben sollten Sie delegieren, welche nicht?

- schnell einen arbeitsfördernden Kontakt zu Mitarbeitern, Kollegen und sonstigen Gesprächs- und Geschäftspartnern herstellt,

- anfängliche fachliche und auch störende persönliche Schwierigkeiten zu lösen hilft,

- auf geschriebene und ungeschriebene Gesetze des Betriebes aufmerksam macht und

- mit vielfältigen Informationen, Ratschlägen, Tips und Vorschlägen Hilfe zur Selbsthilfe gewährt.

6. Periodische Mitarbeiterbeurteilungen abgeben
 – nicht delegierbar

Die Notwendigkeit regelmäßiger und standardisierter Mitarbeiterbeurteilungen für den Arbeitgeber ergibt sich aus dem Leitsatz jeder Personalpolitik, die richtige Person an den richtigen Platz zu stellen. Das Unternehmen möchte wissen, wo jeder Mitarbeiter mit seiner Leistung und seinem Verhalten steht. Aussagekräftige Beurteilungen liegen aber auch im Interesse des Mitarbeiters, weil sie seinen künftigen beruflichen Werdegang beeinflussen können.

**Ziel:
Richtige Person auf die richtige Stelle**

Manche Vorgesetzte fühlen sich überfordert, ihre Mitarbeiter gerecht zu beurteilen, weil sie um ihr Ansehen bei den Mitarbeitern fürchten und unliebsame, das Arbeitsklima belastende Auseinandersetzungen erwarten. Was liegt bei diesen Vorgesetzten näher als diese stressbeladene Funktion auf eine andere Person zu delegieren?

Unliebsame Aufgabe?

Vorsicht! Zunächst ist festzustellen, dass die Mitarbeiterbeurteilung als Teil der Führungsaufgabe Kontrolle nicht zu den delegierbaren Aufgaben des Vorgesetzten zählt. Es gilt die Regel, dass das Urteil über Menschen, für die ein

Sie tragen die Verantwortung!

5. Welche Aufgaben sollten Sie delegieren, welche nicht?

Vorgesetzter Verantwortung trägt, ausschließlich von diesem selbst abzugeben ist. Hier steht der Vorgesetzte in jedem Fall in der Pflicht! Allerdings kann er in Einzelfällen auch ergänzende Aussagen Dritter nutzen, um zu einer abgerundeten Beurteilung zu gelangen.

7. Art der Arbeitsausführung bestimmen
– delegierbar

Der mündige Mitarbeiter
Lassen Sie Ihrem Mitarbeiter so weit wie möglich freie Hand bei der Arbeitsausführung! Setzen Sie auf seine Kreativität und nutzen Sie sein Potenzial! Wurde eine Aufgabe an den Mitarbeiter delegiert, beschränken Sie sich auf Ihre Kontrollfunktion. Ein ständiges Hineinregieren in den Zuständigkeitsbereich des Mitarbeiters unterbleibt, um diesen nicht zu verunsichern und sein Gefühl für Eigenverantwortlichkeit zu untergraben. Wer fühlt sich schon wohl, wenn ihm der Vorgesetzte ständig im Nacken sitzt und ihm alles „vorkaut", so dass man sich wie ein unmündiges Kind behandelt sieht?

Moderner Führungsstil
Keine Angst! Durch diese Zurückhaltung geht dem Vorgesetzten in den Augen seiner Mitarbeiter nichts an Autorität verloren. Ein Vorgesetzter, der seinen Mitarbeitern Freiheit und Selbstständigkeit in der Arbeit lässt, wird viel eher als Verkörperung einer modernen Führungskraft empfunden.

Vertrauen lohnt sich!
Der Mitarbeiter bestimmt selbst, wie er seine Aufgabe erledigen will. Dann fühlt er sich seiner Arbeit mehr verpflichtet. Er wird stärker daran interessiert sein, Arbeitsmittel, Arbeitsablauf und Arbeitsergebnisse zu verbessern. Kluge Vorgesetzte investieren einen Vertrauensvorschuss, wenn der Mitarbeiter mit eigenen / neuen Methoden zu arbeiten beginnt. Vielleicht erweisen sich diese als wirkungsvoller gegenüber bisherigen und Sie lernen sogar noch etwas dazu!

5. Welche Aufgaben sollten Sie delegieren, welche nicht?

Akzeptieren Führungskräfte nicht, dass eine Aufgabe auf unterschiedlichen Wegen zu brauchbaren Ergebnissen geführt werden kann, zeigen sie damit nur eine gewisse geistige Enge. Hier gilt die Empfehlung eines Unternehmensberaters:

> **Wenn Sie etwas nicht selbst erledigen können, finden Sie jemanden, der es kann – und dann lassen Sie es ihn auf seine Weise tun.**

Auch wenn eine Arbeit vom Mitarbeiter nicht befriedigend gelöst wurde, erledigt sie der Vorgesetzte nicht persönlich, selbst wenn es ihm ein Leichtes wäre. Vielmehr wird er auf ein ordnungsgemäßes Ergebnis des Mitarbeiters dringen. Er wird Fehlerquellen aufzeigen und darstellen, wie sich der Mitarbeiter künftig bei ähnlichen Vorkommnissen verhalten sollte. In den Arbeitsablauf sollte der Vorgesetzte im Rahmen seiner Informations- und Kontrollpflicht nur eingreifen, wenn

Bessere Ergebnisse einfordern!

- Sicherheitsvorschriften nicht beachtet werden,
- sich neue Möglichkeiten bieten, Arbeitskraft oder Finanzmittel wirtschaftlicher einzusetzen,
- nach erheblichen Fehlern der ordnungsgemäße Zustand wieder herzustellen ist,
- sich die Zielsetzung oder zu berücksichtigende Bestimmungen geändert haben.

8. Überschneidungen in den Verantwortungsbereichen einzelner Mitarbeiter vermeiden
– nicht delegierbar

Arbeitsteilung und Spezialisierung erfordern eine ständige Koordination zusammenhängender Aufgabenbereiche. Überschneidungen und Organisationslücken sind zu vermeiden, damit es nicht zu Kompetenzkonflikten

Sie sind die Schaltzentrale

5. Welche Aufgaben sollten Sie delegieren, welche nicht?

kommt. Teilergebnisse sind zu einem Gesamtergebnis zusammenzufassen. Arbeiten mehrere Mitarbeiter mit Teilbeiträgen an einem Projekt, sind Federführung und Prioritäten festzulegen. Die Koordination obliegt dem Vorgesetzten, der damit zur Schaltzentrale wird und die richtigen Schwerpunkte setzt (siehe Seite 123).

9. **Routineaufgaben, Einzelheiten und unterstützende Tätigkeiten ausführen**
   – delegierbar
   Keine Frage: Alltägliche Fälle gehören immer in den Aufgabenbereich der Mitarbeiter.

10. **Außergewöhnliche Fälle erledigen**
    – nicht delegierbar

    Ausnahmen vom Üblichen Über den normalen täglichen Arbeitsablauf hinausgehende außergewöhnliche Fälle werden vom Vorgesetzten erledigt.
    Beispiele:

- *Ein großer Auftrag soll übernommen werden, obwohl die Kapazitäten voll ausgelastet sind.*

- *In der Schlosserei sind auf einen Schlag vier der sechs Mitarbeiter ausgefallen, so dass der Meister mit dem verbliebenen Personal Terminarbeiten nicht mehr erledigen kann.*

- *Ein schwerer Betriebsunfall hat sich ereignet.*

- *Nach der Stellenbeschreibung darf der Einkaufssachbearbeiter nur Maschinen bis zu einem Preislimit von 100.000 Mark ordern. Jeder Einkauf, der diesen Kostenrahmen sprengt, ist dem Einkaufsleiter zur Entscheidung vorzulegen.*

5. Welche Aufgaben sollten Sie delegieren, welche nicht?

11. Aufgaben erledigen, die von anderen besser, schneller oder preiswerter ausgeführt werden können
– delegierbar
Auch wenn dem Vorgesetzten manche Aufgaben ans Herz gewachsen sind, wird er sie unter rationellen Erwägungen delegieren, wenn sie von Mitarbeitern ökonomisch günstiger ausgeführt werden können.

An die Kosten denken

12. Pläne und Projekte endgültig festlegen
– nicht delegierbar
Das Festlegen von Plänen und Projekten zählt zum Katalog der Führungsaufgaben. Die Entscheidungen obliegen auch bei ausgesprochener Delegationsfreude dem Vorgesetzten. Allerdings kann er vorbereitende Arbeiten delegieren.

13. Wichtige Aufgaben wahrnehmen, die unter zeitlichem Druck ohne verzögernde Rückfragen oder Überprüfungen zu erledigen sind
– nicht delegierbar
Akute und zugleich wichtige Aufgaben erlauben keine zeitliche Verzögerung. Der Vorgesetzte muss sofort handeln. Auch bei organisatorischen Umstellungen wie der Delegation ist eine gewisse Anlaufzeit einzuplanen, in der beispielsweise dieses Eingreifen nötig ist. Sollten derartige Aufgaben aber häufiger auftreten und nicht mehr die Exklusivität außergewöhnlicher Fälle aufweisen, wären sie in die Delegation einzubeziehen.

Zeit ist Geld!

14. Aufgaben, für die nur Sie die sicherheitsmäßigen Voraussetzungen erfüllen, sowie streng vertrauliche Angelegenheiten übernehmen
– nicht delegierbar
Selbstverständlich stehen berechtigte Sicherheitserwägungen und der Vertrauensschutz bei diskreten Dingen einer Delegation im Wege.

5. Welche Aufgaben sollten Sie delegieren, welche nicht?

15. Detailfragen für eine demnächst zu treffende Entscheidung prüfen
– delegierbar
Vorbereitende Untersuchungen wie hier die Beschaffung von Informationen für ein bestimmtes Entscheidungsproblem können ohne Zaudern delegiert werden.

16. Die Führungsmittel Anerkennung und Kritik anwenden
– nicht delegierbar
Die Kontrolle durch den Vorgesetzten ist ein Abgleich zwischen dem Ist-Zustand (Handlungsergebnis) und dem Soll-Zustand (Zielvereinbarung). Erkennt der Vorgesetzte eine erfolgreiche Arbeit, muss er das Führungsmittel Anerkennung einsetzen; werden Mängel und Misserfolge offenbar, hat er konstruktive Kritik zu üben. Diese Führungsmittel bleiben stets in seiner Hand.

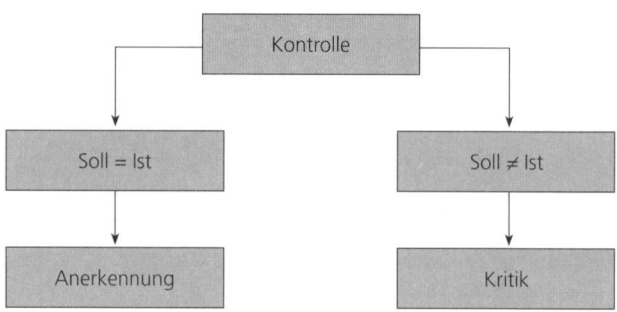

5. Welche Aufgaben sollten Sie delegieren, welche nicht?

Zusammenfassung

Delegierbar sind:

- Routineaufgaben,
- Spezialistentätigkeiten,
- Detailfragen und
- vorbereitende Arbeiten für Entscheidungen (z.B. Informationsbeschaffung und -analyse).

Nicht delegierbar sind:

- Führungsaufgaben – siehe Seiten 80/82
- außergewöhnliche Fälle (= wichtige Aufgaben von großer Tragweite und/oder hohem Risikoanteil sowie akute, eilige Aufgaben),
- vertrauliche Angelegenheiten und sicherheitsrelevante Aspekte.

Nachdem wir wissen, welche Aufgaben delegiert werden können, stellt sich die Frage, in welchem Umfang die Delegation empfohlen werden kann. Bis heute gibt es keine Methode, nach der dies exakt festlegbar ist. Die allgemeine Regel lautet:

Das richtige Maß finden

Delegation an den Mitarbeiter soweit möglich – Konzentration auf den Vorgesetzten soweit nötig.

5. Welche Aufgaben sollten Sie delegieren, welche nicht?

Der Vorgesetzte wird schnell die Grenzen nach oben wie nach unten erkennen, wenn er sich zwei Fragen beantwortet:

■ Übersehe ich überhaupt noch, an wen ich welche Aufgaben delegiert habe?

■ Kann ich wichtige Aufgaben überhaupt noch zufriedenstellend erledigen oder muss ich mich mit zu vielen Dingen auseinandersetzen?

Management-Kreis Jeder Vorgesetzte muss neben seinen fachlichen Aufgaben stets fünf Führungsaufgaben im Auge behalten, die in einem dynamischen Prozess einen Management-Kreis bilden:

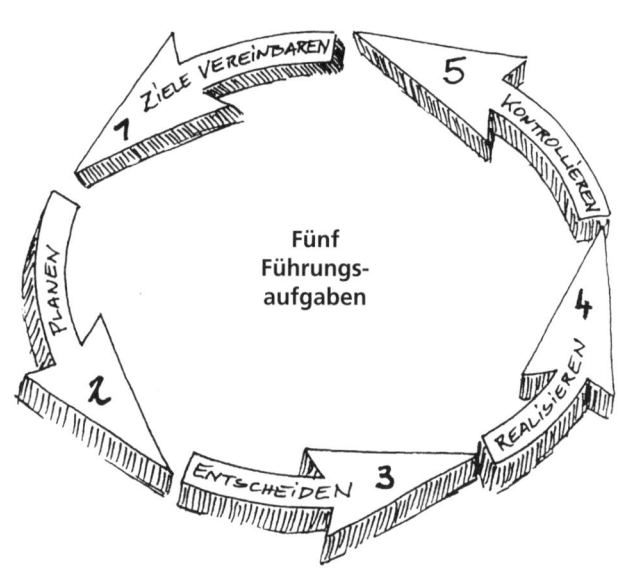

5. Welche Aufgaben sollten Sie delegieren, welche nicht?

1. Ziele vereinbaren

Jeder Führungsprozess wird durch eine Problemsituation eingeleitet. Es gilt, das gewünschte SOLL zur Überwindung der Problemsituation festzulegen. Kooperativ Führende formulieren nach partnerschaftlicher Diskussion mit ihren Mitarbeitern Ziele. Diese im Konsens festgelegten Ziele bündeln die vorhandenen Energien der Mitarbeiter für konkrete Handlungen. Verinnerlichen Sie den kleinen Vers des Dichters *Christian Morgenstern*:

Mitarbeiter einbeziehen

„*Wer vom Ziel nicht weiß,*
kann den Weg nicht haben,
wird im selben Kreis
all sein Leben traben."

Vereinbarte Ziele sollten den Mitarbeiter immer herausfordern, ihn aber keinesfalls unter- oder überfordern. Erst herausfordernde Ziele vermitteln das Gefühl des Gefordertwerdens und bilden im Falle des Erfolges den Ansporn für künftige Leistungen auf hohem Niveau.

2. Planen

Böse Zungen behaupten, Planen bedeute, den Zufall durch den Irrtum zu ersetzen. Gewiss ist bei zukunftsgerichteten Aktivitäten der Informationsstand immer gering. Deshalb suchen wir im Rahmen des Planens nach denkbaren Wegen und Mitteln, das vereinbarte Ziel mit geringstmöglichem Aufwand zu erreichen. Hierzu holen wir vielfältige Informationen ein, suchen nach Lösungswegen und sondern untaugliche Lösungsmöglichkeiten aus.

Viele Wege überdenken

3. Entscheiden

Mit der Entscheidung wählen wir aus den verbliebenen Lösungsmöglichkeiten das beste Handlungsprogramm aus. Da die Entscheidung in die Zukunft wirkt, hoffen wir

Beste Lösung festlegen

5. Welche Aufgaben sollten Sie delegieren, welche nicht?

auf die Richtigkeit unserer auf Erfahrungen und Intuition beruhenden Einschätzung.

4. Realisieren

Jetzt delegieren! Da jede Entscheidung nur so gut ist, wie sie ausgeführt wird, achten Sie darauf, dass die Entscheidung in Handlungen umgesetzt wird. Spätestens in der Realisierungsphase sind Sie als Vorgesetzter aufgerufen, zu informieren, zu motivieren, zu *delegieren*, zu koordinieren, zu veranlassen.

5. Kontrollieren

Prüfen Sie unauffällig! Schließlich ermitteln Sie durch Kontrolle, ob das Handlungsergebnis (= Ist) dem gewünschten und vereinbarten Soll entspricht. Um Ihrer Kontrollfunktion den negativen Beigeschmack eines Überwachungs-, Fehlerfindungs- und Bestrafungsinstruments zu nehmen, werden Sie Ihrer Kontrollpflicht mit Fingerspitzengefühl still und unauffällig nachkommen. Bewährt haben sich Stichproben an besonders fehlerbehafteten Punkten – „strategischen Kontrollpunkten" – sowie Ergebniskontrollen (siehe Seite 114).

Wie gehen Sie behutsam, durchdacht und schrittweise beim Delegieren vor?

Sie sind fest entschlossen, in Ihrem Bereich verstärkt zu delegieren? Herzlichen Glückwunsch! Schieben Sie diesen guten Vorsatz jedoch nicht auf die lange Bank, sondern beginnen Sie sofort. Gehen Sie hierbei planvoll und sensibel vor und berücksichtigen Sie sechzehn wichtige Empfehlungen:

16 Empfehlungen

1. Ermitteln Sie den Ist-Zustand

Wie bei jeder organisatorischen Veränderung ermitteln Sie zunächst den Ist-Zustand. Sie stellen Ihre derzeitigen Tätigkeiten in einer Checkliste zusammen, die alle zu berücksichtigenden Aspekte erfasst: Inhalt, zeitlicher Umfang, Schwierigkeitsgrad, Dringlichkeit, regelmäßige / unregelmäßige Wiederkehr.

Listen Sie Ihre Arbeit auf

Ein Beispiel für eine solche Checkliste finden Sie auf der folgenden Seite.

6. Wie gehen Sie vor?

Zeit- / Tätigkeitsanalyse 4. Oktober

Tätigkeit	Dauer in Min.	Schwierig-keitsgrad	Wichtig-keit	wieder-kehrend
Besprechung Werbestrategie	45	normal	sehr wichtig	selten
Posteingang	10	gering	sehr wichtig	ja
Informationen für Aufsatz Hauszeitung zusammentragen	90	mittel	kein Limit	nein
Beurteilungsgespräch mit Krause	25	normal	wichtig	selten
Rücksprache mit Druckerei einschl. Fahrzeit	95	normal	wichtig	ja
Gespräch mit reklamierendem Großkunden	35	hoch	sehr wichtig	nein
Schreiben von Mitarbeitern an Kunden unterschreiben einschl. Rückfragen bei Mitarbeitern	40	mittel	unterschiedlich	ja
Budgetbesprechung mit Geschäftsleitung	60	hoch	sehr wichtig	selten

6. Wie gehen Sie vor?

2. Stellen Sie die delegierbaren Aufgaben fest
Aus den aufgelisteten Tätigkeiten der Checkliste streichen Sie alle Führungsaufgaben, die nur Sie wahrzunehmen haben. In unserer Beispiel-Liste ist dies:

- Beurteilungsgespräch mit Krause

Darüber hinaus sondern Sie jene Aufgaben aus, die als außergewöhnliche Fälle (wichtige Aufgaben von großer Tragweite und / oder hohem Risikoanteil sowie akute, eilige Aufgaben) und vertrauliche Angelegenheiten einzustufen sind. In unserer Checkliste sind dies:

- Besprechung Werbestrategie
- Gespräch mit reklamierendem Großkunden
- Budgetbesprechung mit Geschäftsleitung

Es entspricht zwar nicht der „reinen Lehre" der Delegation, aber Sie können hier ausnahmsweise auch solche delegierbaren Aufgaben markieren, die Sie auf keinen Fall delegieren wollen – dies können zum Beispiel Aufgaben sein, auf die Ihr Chef ständig ein Auge wirft, die Ihnen Profilierungsmöglichkeiten eröffnen oder Ihnen den Kontakt zu bestimmten wichtigen Personen erleichtern.

Aufgaben für Ihr Profil

Übrig bleiben die Aufgaben, die Sie an Mitarbeiter delegieren können:

- Posteingang (Routineaufgabe)
- Informationen für Aufsatz Hauszeitung zusammentragen (vorbereitende Arbeit)
- Rücksprache mit Druckerei (Spezialistentätigkeit)
- Schreiben von Mitarbeitern an Kunden unterschreiben einschließlich Rückfragen bei Mitarbeitern (Routineaufgabe)

6. Wie gehen Sie vor?

Delegationen genau planen Bevor Sie aus einer Augenblicksentscheidung heraus unüberlegt delegieren und später ein fehlerhaftes Vorgehen erkennen müssen, empfehlen wir Ihnen das Aufstellen einer weiteren Checkliste für jede Aufgabe, die auf Dauer delegiert werden soll. Darin können Sie eintragen:

Genaue Beschreibung der zu
delegierenden Aufgabe ....

....

Mein angestrebtes Ziel ....

....

Welche Kompetenzen
sind zu übertragen? ....

....

....

Wofür soll der Mitarbeiter
Verantwortung tragen? ....

....

Welche Arbeitsbereiche anderer
Mitarbeiter werden berührt? ....

....

Welche fachlichen / persönlichen
Anforderungen müssen erfüllt sein? ....

....

....

6. Wie gehen Sie vor?

An wen delegieren? ....

....

Von welchen anderen Aufga-
ben ist er zu entlasten? ....

....

Sind tarifrechtliche
Auswirkungen zu beachten? ....

....

Wie ist Know-how zu erweitern? ....

....

Delegationsgespräch
vorbereiten und durchführen ....

....

Welche organisatorischen
Änderungen sind vorzunehmen? ....

....

1. Stichprobenkontrolle ....

....

2. Stichprobenkontrolle ....

....

Nachbesprechung ....

....

6. Wie gehen Sie vor?

3. Legen Sie fest, an wen delegiert werden soll

Den richtigen Mitarbeiter finden

Idealerweise sollte der für eine Delegation vorgesehene Mitarbeiter Wissen, Können, Motivation und Zeit haben, um die zu delegierende Aufgabe zu Ihrer vollen Zufriedenheit zu erledigen. Analysieren Sie gewissenhaft, welchem *direkt unterstellten Mitarbeiter* Sie Aufgaben mit Kompetenzen und Handlungsverantwortung übertragen wollen. Selbstverständlich können Sie auch an externe Servicestellen – z. B. Steuerberater, EDV-Dienstleister – oder andere Abteilungen delegieren; dann treffen unsere folgenden Ausführungen nur eingeschränkt zu.

Berücksichtigen Sie dabei sechs wichtige Kriterien:

a) Sachlich-organisatorische Gegebenheiten

Sachzwänge berücksichtigen

Passt die zu delegierende Aufgabe von der Sache her in ein bereits bestehendes Aufgabengebiet hinein, sollten Sie dies bei Ihren Überlegungen zweckmäßigerweise berücksichtigen. Eine klar geregelte Aufgabenverteilung mit Bemessung des Kompetenzrahmens ist am günstigsten über Stellenbeschreibungen zu erreichen, ansonsten über eindeutige Organigramme oder mündliche Vereinbarung zwischen Ihnen und dem Mitarbeiter.

b) Mögliche tarifrechtliche Auswirkungen

Mehr Gehalt?

Vorsicht ist geboten, wenn durch massive Übertragung höherwertiger Tätigkeiten tarifvertraglich zusätzliche materielle Leistungen zu erbringen sind, Ihnen hierfür aber nicht der erforderliche Spielraum zur Verfügung steht.

c) Gerechte Auslastung der Mitarbeiter

Arbeit gerecht verteilen

Sind nicht alle Mitarbeiter in gleichem Umfang ausgelastet, werden Sie eher an die weniger belasteten Mitarbeiter delegieren. Mögliche Vorgehensweisen bei Widerstand entnehmen Sie Seite 22.

6. Wie gehen Sie vor?

Ist eine Überlastung des ausgewählten Mitarbeiters zu befürchten, machen Sie sich auch Gedanken, wie dieser vor dem Delegieren zu entlasten ist. Von welchen bisherigen Aufgaben muss er befreit werden? Wer ist geeignet, diese Aufgaben zu übernehmen? Erforderlichenfalls ist nach Durchführung einer Kosten-Nutzen-Analyse ein neuer Mitarbeiter einzustellen.

Weiterdelegieren

d) Das Maß an Verantwortung
Vergewissern Sie sich rechtzeitig in einem offenen Gespräch (siehe Seite 103) mit dem Mitarbeiter, dass dieser die Übertragung der Verantwortung auch akzeptiert, seine neue Rolle versteht und sich der Tragweite seines künftigen Engagements bewusst ist. Hatten Mitarbeiter bisher keine Gelegenheit, Verantwortungsfreude zu entwickeln, stehen sie der neuen Rolle manchmal teils hilflos, teils ängstlich gegenüber. Auch mögen schlechte Erfahrungen ein Misstrauen gegenüber Verantwortung aufgebaut haben.

Die neue Rolle erklären

Es ist sinnvoll, in einer solchen Situation keinen Druck auszuüben. Bemühen Sie sich, den Gründen für eine ablehnende Haltung auf die Spur zu kommen. Anschliessend stärken Sie ohne Hektik das Selbstbewusstsein des Mitarbeiters und streben einen Konsens für die vorgesehene Delegation an.

Den Rücken stärken

e) Die fachliche Kompetenz
Ist es Ihnen zu riskant, bei diesem Aspekt nur nach Gefühl vorzugehen, empfiehlt es sich, für die zu delegierende Aufgabe ein Anforderungsprofil zu erstellen. Wollen Sie beispielsweise im technisch-gewerblichen Bereich Unterweisungsaufgaben delegieren, sollten von dem Mitarbeiter, an den Sie diese Aufgaben abgeben wollen, nachstehende Anforderungen möglichst erfüllt werden:

Nötige Fähigkeiten

6. Wie gehen Sie vor?

- Sorgfalt und Gründlichkeit,
- Zuverlässigkeit,
- Selbstständigkeit,
- Leistungsbereitschaft,
- manuelle Geschicklichkeit,
- Ausgeglichenheit.

Soll jemandem z. B. die Kundenberatung übertragen werden, wären

- Fachkenntnisse,
- kundenorientiertes Auftreten,
- Kontaktverhalten und
- Selbstständigkeit

zu fordern, während beispielsweise das analytische Denkvermögen oder die planerischen Fähigkeiten nur geringe Bedeutung hätten.

Eignung und Anforderung Dem Anforderungsprofil stellen Sie das Eignungsprofil des Mitarbeiters gegenüber, also seine Kenntnisse, Fertigkeiten und Fähigkeiten. Da Ihnen die Stärken und Schwächen Ihrer Mitarbeiter gut bekannt sind, können Sie die fachliche Kompetenz sowie verfügbare Spezialkenntnisse und erkennbare Neigungen einschätzen. Je höher der Grad der Übereinstimmung zwischen dem Anforderungs- und Eignungsprofil ist, umso eher vermeiden Sie eine Fehlentscheidung.

6. Wie gehen Sie vor?

f) Der Reifegrad

Je mehr ein Mitarbeiter den Willen und die Fähigkeit hat, sich hohe, aber erreichbare Ziele zu setzen, selbstständig Probleme zu lösen und Verantwortung zu übernehmen, desto reifer ist er und desto weniger muss er angeleitet werden. Der Begriff *Reife* enthält zwei Aspekte: die aufgabenbezogene (Können) und die persönlichkeitsbezogene Reife (Wollen). In dieser Formel lässt sich die Reife erfassen:

Wie viel Führung nötig ist

Können x Wollen = Reifegrad

6. Wie gehen Sie vor?

Vier Reifegrade Der Vorgesetzte sollte sich bei seinem Delegationsstil nach dem erkennbaren Reifegrad des Mitarbeiters richten – so wie der Unterrichtsstil eines Pädagogen den Reifegrad des Schülers berücksichtigt oder der Trainingsstil eines Übungsleiters sich am Leistungsvermögen des Sportlers orientiert. Wir unterscheiden vier Reifegrade:

Anweisung *Niedrige Reife = Führen mittels Anweisung:* Beim Mitarbeiter fehlen Motivation und die erforderliche Qualifikation. Als Vorgesetzter erkennen Sie ein „Will-nicht-Problem" sowie ein „Weiß-nicht- / Kann-nicht-Problem". Hier geben Sie vorrangig Anweisungen (siehe Seite 130), mit denen Sie dem Mitarbeiter deutlich sagen, was, wann, wo und wie getan werden muss. Günstig ist in diesem Fall, wenn sich der Mitarbeiter nicht nur als ausführendes Organ betrachtet, sondern sich mit der Anweisung möglichst identifiziert.

Schulung/Training *Geringe bis mittlere Reife = Führen mittels Unterweisung:* Der Mitarbeiter ist zwar motiviert, aber noch nicht fähig, die Aufgabe erfolgreich zu lösen. Der Mitarbeiter hat also ein „Weiß-nicht- / Kann-nicht-Problem". Soll dieser Mitarbeiter längerfristig bei Ihnen tätig sein, muss ihm das erforderliche Know-how vermittelt werden. Durch Schulung/Training lernt der Mitarbeiter, die Aufgabe sachlich einwandfrei zu erledigen.

Beratung *Mittlere bis hohe Reife = Führung mittels Beratung:* Hier begegnet uns ein Mitarbeiter, der die erforderlichen Fähigkeiten besitzt und die Arbeit gut beherrscht. Allerdings mangelt es noch an der Motivation, die Arbeit konsequent durchzuziehen. Wir erkennen ein „Will-nicht-Problem". Denken Sie zum Beispiel an solche Mitarbeiter, die über genügend Know-how verfügen, aber unsicher bei Entscheidungen sind. Indem Sie diese Mitarbeiter

6. Wie gehen Sie vor?

mehr und mehr über Beratung an der Entscheidungsfindung beteiligen, steigern Sie zunehmend ihre Motivation.

Hohe Reife = Führen mittels Delegation: Hat ein Mitarbeiter dieses wünschenswerte Reifeniveau erreicht, verfügt er über alle Fähigkeiten, um eigene Ziele zu setzen und seine Aufgaben zu lösen. Er ist in der Lage, die Verantwortung zu übernehmen. Hinzu kommt ein hohes Maß an Motivation.

Delegation

4. Sorgen Sie dafür, dass der Mitarbeiter das erforderliche Know-how für die zu delegierende Aufgabe erwirbt

Ist für die zu delegierende Aufgabe ein Lernbedarf erkennbar und sollen die Defizite im Betrieb ausgeglichen werden, stellen sich zunächst die Fragen:

Lernen im Betrieb

- Was soll vermittelt werden?
- In welcher Zeit soll dies geschehen?
- Wer soll unterweisen?
- Wie soll vorgegangen werden?

Der Unterweisende muss vom betrieblichen Rang her über die notwendige Autorität verfügen, die zu delegierende Aufgabe genau kennen und die erforderlichen arbeitspädagogischen Kenntnisse besitzen. Wir stellen Ihnen die bedeutendste systematische Unterweisungsmethode vor, die vier Stufen umfassende *TWI-Methode* (Training Within Industry = Ausbildung im Betrieb):

TWI-Methode

Stufe 1: Sie bereiten die Unterweisung vor
Der Arbeitsplatz ist übersichtlich geordnet. Erforderliche Werkzeuge, Unterlagen und Hilfsmittel liegen bereit und werden nicht erst mühevoll gesucht. Sie selbst haben sich als Unterweisender gut vorbereitet (Merke: Gute Vorbe-

Überblick verschaffen

6. Wie gehen Sie vor?

reitung ist der halbe Erfolg!) und schildern anschaulich und übersichtlich die neue Tätigkeit in groben Zügen. An den Reaktionen Ihres Schützlings werden Sie unschwer erkennen, in welchem Umfang bereits Fertigkeiten und Kenntnisse vorhanden sind.

Was sich einprägt Ihrem rhetorischen und pädagogischen Geschick bleibt es vorbehalten zur Mitarbeit zu motivieren. Kommt Ihr Mitarbeiter zu der Feststellung: „Das ist wichtig und interessant", wird er Ihren Ausführungen aufmerksam folgen und vermutlich gute Lernergebnisse erzielen. Folgendes Schaubild verdeutlicht, wie das Gehirn arbeitet, um Informationen zu speichern bzw. wieder zu vergessen:

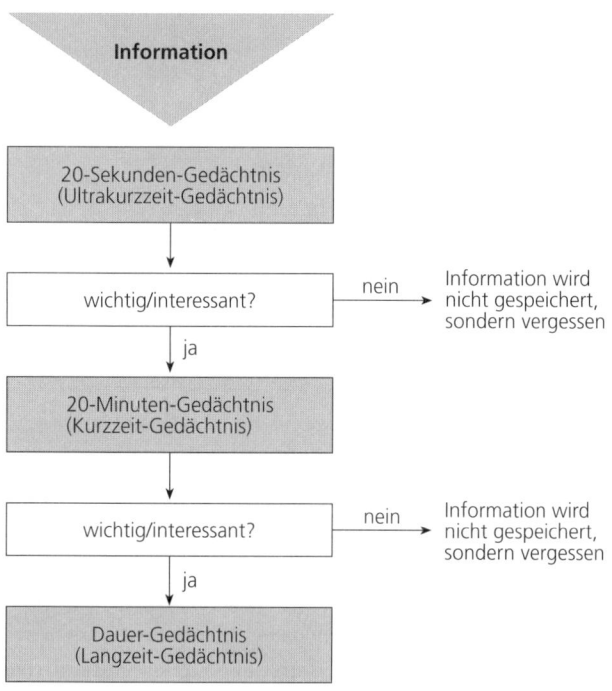

6. Wie gehen Sie vor?

Stufe 2: Sie machen vor und erklären Ihr Tun
Hier findet die eigentliche Unterweisung statt, bei der Sie sinnvollerweise diese lernpsychologischen Hilfen beachten, die den Lernprozess fördern:

a) Nutzen Sie für die Unterweisung eine Tageszeit, in der die Beteiligten eine hohe Leistungsfähigkeit aufweisen. — **Günstige Zeit wählen**

b) Der Unterwiesene muss zuerst einen Überblick über den gesamten Arbeitsvorgang erhalten. Anschließend vermitteln Sie das Wissen in sinnvoll aufgeteilten Lernschritten. So wird der Mitarbeiter nicht überfordert. — **Sinnvolle Lernschritte**

c) Bringen Sie die Lernschritte in eine sinnvolle Reihenfolge! Dann werden die einzelnen Lernschritte nicht mehr als strukturlose Einzelinformationen erkannt, sondern als Glieder einer Kette. Ein logisch zusammenhängender Lernstoff wird leichter verstanden und besser behalten. Das Lernen isolierter Fakten erleichtern wir durch „Eselsbrücken" (z. B. Assoziationen, Kunstwörter). — **Zusammenhänge herstellen**

d) Der Unterweisende geht nach diesem Steigerungsprinzip vor: — **Steigerungsprinzip**

- vom Leichten zum Schweren
- vom Einfachen zum Zusammengesetzten
- vom Allgemeinen zum Besonderen
- vom Nahen zum Entfernten
- vom Konkreten zum Abstrakten

Wenn Sie diese bewährten Schulmeisterregeln beachten, kann der Lernende am sichersten vorankommen.

e) Gestalten Sie Ihre Instruktionen anschaulich! Da der Mensch nach *Leonardo da Vinci* ein „Augentier" ist und zu — **Etwas für das Auge bieten**

6. Wie gehen Sie vor?

83 Prozent Informationen über das Auge aufnimmt, sollten Sie nach Möglichkeit bildliche Darstellungen (Skizzen, Modelle u. ä.) in Ihre Unterweisung einbeziehen.

Mit Beispielen arbeiten

f) Schildern Sie einen Sachverhalt lediglich abstrakt, so bleibt Ihre Aussage farblos. Ein nachfolgendes Beispiel – also ein konkreter Fall – illustriert Ihre Aussage, macht sie plastisch und steigert die Überzeugungskraft. Hier bewahrheitet sich Goethes Ausspruch: *Grau, teurer Freund, ist alle Theorie und grün des Lebens güldner Baum.* Wichtig ist es, wirklich geeignete, farbige und aktuelle Beispiele zu finden, damit sich sogleich ein Aha-Effekt einstellt und das Gehörte, Gesehene, Gelernte nacherlebt und im Gedächtnis besser verankert werden kann.

Der Lernerfolg

g) Setzen Sie nicht zu viel voraus, selbst dann nicht, wenn der Mitarbeiter von Beginn an über Gestik und Mimik den Eindruck vermittelt, alles zu durchblicken. Welcher Mitarbeiter lässt schon gern das Ausmaß seiner Wissenslücken erkennen. Auch wenn Sie sich mit der Frage: „Haben Sie verstanden?" vergewissern und regelmäßig die Antwort „Ja!" hören, so können Sie noch lange nicht von einem Unterweisungserfolg ausgehen. Ihr Schüler wird ein „Nein" nach Möglichkeit vermeiden, um nicht geistig schwerfällig zu erscheinen.

Zum Mitdenken anregen

h) Erläutern Sie nach dem Schema

WAS soll getan werden?
WIE soll es getan werden?
WARUM muss es SO und nicht anders getan werden?

Gerade die Erklärung des „Warum so?" fördert das Mitdenken und nimmt der Unterweisung den Charakter einer willkürlichen Anordnung.

j) Ermuntern Sie den zu Unterweisenden immer wieder zu fragen! Denken Sie an die Titelmelodie der „Sesamstraße": *„Wieso, weshalb, warum – wer nicht fragt, bleibt dumm!"* Trotzdem wird der Mitarbeiter wahrscheinlich zu wenig nachfragen, aus Angst sich zu blamieren. Werden Ihnen keine Fragen gestellt, prüfen Sie mit geeigneten Rückfragen, ob der Mitarbeiter alles richtig – und nicht nur ungefähr – aufgenommen und verstanden hat.

Fragen sind wichtig

k) Während der Unterweisung soll sich der Mitarbeiter weder überfordert noch unterfordert fühlen, sondern herausgefordert werden! Bei Überforderung wendet sich der Lernende ab, da er keine Erfolge erkennen kann. Bei Unterforderung stellt sich Langeweile ein: Der Lernende sieht keinen Nutzen in der Unterweisung, die Lernmotivation sinkt, Frustration ist die logische Konsequenz. Wird Ihr Schüler durch die Unterweisung aber herausgefordert, arbeitet er engagiert und motiviert mit und mobilisiert seine Reserven.

Das richtige Maß an Herausforderung

Mit der oben beschriebenen Unterweisung ist es jedoch noch nicht getan. Der Verhaltensforscher *Konrad Lorenz* machte dies auf folgende Weise deutlich:

„Gesagt ist noch nicht gehört,
gehört ist noch nicht verstanden,
verstanden ist noch nicht einverstanden,
einverstanden ist noch nicht angewandt,
angewendet ist noch nicht beibehalten."

Stufe 3: Sie lassen nachmachen und geben Korrekturen
Haben Sie den Eindruck, dass Ihre Ausführungen in der vorangegangenen Stufe aufgenommen wurden, muss der Mitarbeiter beweisen, dass er alles begriffen hat und nun

Hoher Lernerfolg

6. Wie gehen Sie vor?

selbst arbeiten kann. Beim Selbertun ist seine Lernintensität besonders hoch: durchschnittlich 90 Prozent!

Sie zeigen Geduld Wichtiger als das Arbeitstempo ist zunächst, dass der Mitarbeiter die zu delegierende Arbeit versteht. Zeigen Sie Geduld und Verständnis, auch wenn Sie nach mehrfachen Erläuterungen korrigieren müssen. Vergegenwärtigen Sie sich auch, dass der Unterwiesene im Regelfall nicht vorsätzlich auf stur schaltet, sondern sich im Gegenteil bemüht, bald zufrieden stellende Ergebnisse zu erzielen. Hierbei sind erfahrungsgemäß manche Mitarbeiter langsamer, aber dafür zuverlässiger und gründlicher, während andere zwar rasch begreifen, ihr Leistungsverhalten aber eher oberflächlich einzustufen ist. Dann kommt Ihrer Kontrolle eine besondere Bedeutung zu.

Stufe 4: Sie lassen allein weiterarbeiten und kontrollieren die Ergebnisse
Nur Übung macht den Meister! Orientieren Sie sich an dem indischen Sprichwort:

„Erkläre es mir, ich werde es vergessen,
zeige es mir, ich werde es vielleicht behalten,
laß es mich tun, und ich werde es können."

und lassen Sie den Mitarbeiter nun selbstständig arbeiten. Ermuntern Sie ihn auch, zwischendurch immer wieder zu fragen nach dem Motto: Lieber einen Moment dumm sein als immer wieder Arbeiten fehlerhaft ausführen!

Positive Rückmeldung geben Delegation ohne Kontrolle wäre stets unvollständig. Auch der erforderliche Unterweisungserfolg ist zu kontrollieren. Erkennen Sie gute Arbeitsergebnisse, ist ein aufmunterndes und anerkennendes Wort angebracht. Nur durch konsequente positive Rückmeldung verstärken wir die Bemühungen des Mitarbeiters. Würden wir gute Leistungen nicht positiv bestätigen, würde die Leistungsbereitschaft und das Leistungsniveau des Mitarbeiters wegen fehlender Erfolgserlebnisse absinken.

Fehler sollten Sie weder großzügig übersehen noch beschönigen. Eine sachliche, korrekte, konstruktive Kritik unter vier Augen ist angebracht. Bevor Sie über aufgetretene Fehler ärgerlich werden, denken Sie an die eigenen Erfahrungen: Jeder Mensch, der mit einer neuen Aufgabe konfrontiert wird, macht unweigerlich Fehler. Aus Fehlern können wir lernen. Je früher und je häufiger anfangs Fehler gemacht und korrigiert werden, desto mehr hat der neue Mitarbeiter die Chance des Lernens und Fehlervermeidens.

Der Umgang mit Fehlern

> Wer einen ~~Feler~~*) gemacht hat und ihn nicht korrigiert, begeht einen zweiten.
> *) Fehler
>
> *Konfuzius*

5. Sehen Sie eine möglichst dauerhafte Delegation vor
Besser als die fallweise, gelegentliche Delegation (die Aufgabe bleibt im Funktionsbereich des Vorgesetzten) ist eine dauerhafte und generelle Delegation (die Aufgabe wird zur selbstständigen Wahrnehmung an den Mitarbeiter übertragen). Bei sporadischer Delegation erlebt sich der Mitarbeiter als bloßer Ersatzmann und wird in seiner Selbstständigkeit und Initiative beeinträchtigt.
Das folgende Beispiel unterstreicht unsere Empfehlung:

Nicht bloß Ersatzmann sein

In der Werbeabteilung eines Nahrungsmittelkonzerns wird nach einem ungewöhnlichen Jahresrhythmus gearbeitet:

Der Saisonarbeiter

6. Wie gehen Sie vor?

Spielräume für Mitarbeiter

Werbeleiter Dinkel ist ab Mai ziemlich „geschafft". Er merkt, dass seine Energie verbraucht ist. Demzufolge ermuntert er seine Mitarbeiter zu größerer Selbstständigkeit und fordert sie häufig auf, ihn nur noch mit besonders wichtigen Entscheidungen zu behelligen, ansonsten die von ihm nicht ausgefüllten Entscheidungsspielräume zu nutzen. Er behauptet: „Schließlich habe ich gute Mitarbeiter mit einem außerordentlichen fachlichen Potenzial."

Das Bild wandelt sich grundlegend nach dem dreiwöchigen Urlaub Dinkels in den Sommerferien. Die Mitarbeiter erkennen ihren Chef kaum wieder, denn jetzt sprüht er vor Energie, zieht jede Arbeit an sich, will über alles informiert sein, schaltet sich in sämtliche Vorgänge ein.

Der Chef zieht sich zurück

Diese Hochphase hält bis Oktober an; danach lässt der Elan Dinkels von Tag zu Tag spürbar nach. In dem Maße, wie sich seine Aktivitäten vermindern, springen Mitarbeiter in die Bresche und übernehmen Aufgaben, die Dinkel vorher peinlich genau für sich reklamierte. Dass die Mitarbeiter ihre Bereiche auf seine Kosten vergrößern, findet Dinkels Zustimmung. Dinkel zieht sich während der Adventszeit so stark zurück, dass die Mitarbeiter kaum noch seine Anwesenheit bemerken.

Der heiß ersehnte zweiwöchige Skiurlaub um die Jahreswende wirkt wie ein Jungbrunnen: Am ersten Arbeitstag befindet sich Dinkel bereits 30 Minuten vor dem offiziellen Arbeitsbeginn in der Werbeabteilung und kann es kaum erwarten, jeden eintreffenden Mitarbeiter in Privataudienz zu empfangen. Er lässt sich über den Stand der einzelnen Projekte berichten und wirft von den Mitarbeitern getroffene Entscheidungen um bzw. modifiziert sie. Jetzt gilt wieder die Parole: „Alles geht über meinen Tisch!"

6. Wie gehen Sie vor?

Aber auch diese Phase bleibt nicht konstant. In dem Umfang, wie das berufliche Engagement Dinkels im Laufe des März erlahmt, vergrößern die aktiven Mitarbeiter wieder ihren Aktionsradius. Die Leistungskurve des Werbeleiters erfährt nach dem einwöchigen Osterurlaub ein kurzes Hoch und steuert nach wenigen Wochen hektischer Betriebsamkeit seinem Tiefpunkt im Mai zu ...

Die Mitarbeiter haben sich mittlerweile an diesen Jahresrhythmus gewöhnt, was nicht bedeutet, dass sie die Situation akzeptieren. Hinter vorgehaltener Hand erklären einige von ihnen:

„Diese ständigen Extrempositionen verhindern ein kontinuierliches Arbeiten. Mal sind wir nur ausführende Organe, mal sollen wir alles allein machen und die Arbeiten unseres Chefs übernehmen. Kaum konnten wir uns an selbstständiges Arbeiten gewöhnen, schon werden wir erneut zu Befehlsempfängern entmündigt. Wie gut wäre es, wenn bei uns mehr Kontinuität erkennbar wäre ..."

Es fehlt die Kontinuität

6. Delegieren Sie möglichst Aufgabenkomplexe

Delegieren Sie keine isolierten Teilaufgaben, sondern möglichst große in sich geschlossene Aufgaben bzw. Aufgabenkomplexe. Werden nur Teilvorgänge übertragen, gewinnt der Mitarbeiter keine Gesamtübersicht und arbeitet vielleicht nach falschen Prioritäten.

Mitarbeiter brauchen Übersicht

Lücken und Überlappungen bei der Erledigung der Aufgaben wären nicht auszuschließen, so dass Koordinierungsprobleme auftreten können. Gelegentlich mag auch beim Mitarbeiter der Eindruck entstehen, er habe nur Stückwerk zu liefern, so dass sein Arbeitsauftrag ohne weiteres austauschbar sei.

6. Wie gehen Sie vor?

7. Delegieren Sie nicht nur unangenehme Aufgaben

Missmut vermeiden Widerstehen Sie dem Kardinalfehler von Führungskräften, nur unangenehme, mühsame, konfliktträchtige, undankbare oder lästige Aufgaben zu delegieren oder solche, an denen Sie bereits erfolglos herumprobiert haben. Auch das Übertragen von ausschließlich routinemäßigen und bedeutungslosen Aufgaben wird bei Ihren Mitarbeitern zu Missmut führen.

Interessantes abgeben Behalten Sie die „Rosinen" für sich und laden Sie dem Mitarbeiter lediglich Ihren „Schutt" auf, vermerken dies Mitarbeiter übel und sperren sich gegen Ihre Delegationspläne. Ihre Delegationspolitik wäre dann gescheitert. Geben Sie dagegen einige lieb gewonnene und interessante Aufgaben ab, danken Ihnen Ihre Mitarbeiter dies mit einem erkennbaren Motivationsschub.

6. Wie gehen Sie vor?

Bei Vorgesetzten, die eigentlich nicht delegieren wollen, ist manchmal dies zu beobachten: Wenn sie der Forderung nach Delegation nicht ausweichen können, übertragen sie nur schwierige Aufgaben, mit denen sie ihre Mitarbeiter überfordern. So werden Misserfolge provoziert, die beweisen sollen, dass der ursprüngliche Zustand beizubehalten ist.

Tückische Fälle

8. Besprechen Sie mit dem Mitarbeiter frühzeitig die vorgesehene Delegation und weisen Sie auf seine steigende Bedeutung hin

Mit einer Delegation von Aufgaben, Kompetenzen und Verantwortung gehen Veränderungen einher. Veränderungen sollen etwas Besseres bewirken, sie beinhalten also einen Fortschritt – einen Schritt fort vom Bisherigen. Doch nur mit der richtigen Vorbereitung der Mitarbeiter lässt sich die anvisierte Besserung auch tatsächlich erreichen.

Veränderung vorbereiten

Gewiss können Veränderungen durch Anordnung oder Befehl herbeigeführt werden. Aus der Praxis wissen wir aber, dass dann häufig Reibungsverluste entstehen und erhebliche Widerstände bei den zu Befehlsempfängern degradierten Mitarbeitern zutage treten. Jeder, der Veränderungen einzuleiten und durchzuführen hat, muss mit dem Phänomen des Widerstands rechnen. Die Hintergründe und Ursachen der mangelnden Akzeptanz der Delegation sind auf Seite 30 dargestellt.

Rechnen Sie mit Widerstand!

Vom rationalen Standpunkt aus erscheint dieser Widerstand gegen Veränderungen häufig unvernünftig und unverständlich. Es ist allerdings eine Tatsache, dass die meisten Menschen den Status quo bevorzugen und konservieren wollen, weil sie dem Konstanten, Bleibenden trotz möglicher Nachteile oder Schwächen eine Vorliebe entgegenbringen.

Vorliebe für das Bestehende

6. Wie gehen Sie vor?

Beispiele für Widerstand

Wir stellen fest: Mitarbeiter wissen, wie es ihnen unter den gegenwärtigen Bedingungen geht. Jede Veränderung bedeutet aber neue und fremde Bedingungen, die eine Fülle von offenen oder verborgenen Widerständen hervorrufen. Wer hat nicht schon einige Spielarten geleisteten Widerstands erlebt?

- Erhöhter Krankenstand
- Steigende Anzahl von Versetzungsanträgen
- Hinwendung zu Ersatzaktivitäten
- Mürrische Widerspenstigkeit
- Langsames Erlernen neuer Arbeitsmethoden
- Leistungszurückhaltung
- Schlechte Arbeitsqualität
- Vermehrte Missverständnisse
- Arbeitsverweigerung bis hin zur Kündigung
- Offene Feindseligkeit gegenüber dem Vorgesetzten
- Mangelnde Unterstützung für Kollegen und Vorgesetzte
- Zurückhaltung von Informationen wie das Verschweigen von Fehlerquellen zum Nachweis, dass die Neuerung nichts wert ist
- Bildung von Cliquen, die intrigieren

> Alle Formen des Widerstands sind fehlgeleitete Energien der Mitarbeiter!

Machtmittel sind hier falsch

Kein Unternehmen darf zulassen, dass Energiepotenzial für hemmende oder verhindernde Aktivitäten aufgebraucht wird. Führungskräfte müssen als *Veränderungsmanager* die Mitarbeiterenergien aktiv in erfolgversprechende Bahnen lenken. Nicht *Business as usual* ist angezeigt, sondern ein stark erhöhter Führungsbedarf. Versuchen Vorgesetzte aber, Widerstände durch den Einsatz von Machtmitteln zu zerstören, erleiden sie regelmäßig Schiffbruch.

6. Wie gehen Sie vor?

Ein Großteil der Widerstände lässt sich nur durch ein frühzeitiges Einbeziehen der Mitarbeiter in das Delegationsvorhaben vermeiden oder wenigstens verringern. Nichts wirkt nämlich so schlecht auf die Arbeitsmoral, als wenn betroffene Mitarbeiter eine Delegation erst einer bereits in Kraft gesetzten neuen Stellenbeschreibung entnehmen. Wer den Mitarbeiter so lange im Dunkeln lässt, riskiert, dass seine Identifikation mit der Firma verloren geht.

Früh in die Pläne einweihen

Durch eine frühzeitige und vollständige Information bereiten Sie den Mitarbeiter darauf vor, dass eine Delegation erwogen wird. Der Mitarbeiter hat Zeit, sich in Ruhe mit dem Für und Wider zu beschäftigen und Fragen, Anregungen und Einwände zu formulieren. Beherzigen Sie stets einen Grundsatz:

Einwände und Anregungen zulassen

> Die von einer Änderung Betroffenen beteiligen und nicht die Beteiligten betroffen machen!

Wird der für eine Delegation vorgesehene Mitarbeiter vom gesamten Planungs- und Entscheidungsprozess fern gehalten, bedeutet dies, nutzbare Fähigkeiten sowie vorhandenes Urteilsvermögen und Verantwortungsbewusstsein vorsätzlich zu ignorieren. Kann man dann dem Mitarbeiter das Gefühl verargen, er würde vom Vorgesetzten als unmündiges Kind behandelt?

Mitarbeiter einbeziehen

Je früher die aktive Beteiligung des Mitarbeiters am Delegationsprozess einsetzt, desto eher erkennt er die beabsichtigte Delegation auch als seine eigene Entscheidung. Selbst wenn das Delegationsvorhaben nur in einem unwesentlichen Teilbereich vom Mitarbeiter miterarbeitet wurde, identifiziert er sich doch mit der Gesamtlösung und setzt sich für deren erfolgreiche Durchführung ein.

So erreichen Sie Identifikation

6. Wie gehen Sie vor?

Poetischer formulierte vor mehr als 300 Jahren der französische Philosoph und Mathematiker *Blaise Pascal: Man läßt sich gewöhnlich leichter durch Gründe überzeugen, die einem selbst zu Sinn gekommen sind, als durch solche, die anderen zu Sinn gekommen sind.*

Flexibel bleiben Um Missverständnissen vorzubeugen: Die Mitwirkung der Mitarbeiter ist kein psychologischer Trick oder ein Mittel der Manipulation. Deshalb stehen Sie als Führungskraft stehen auch solchen Vorschlägen und Anregungen Ihres Mitarbeiters unvoreingenommen gegenüber, die möglicherweise Ihrem ursprünglichen Plan nicht folgen, sondern völlig neue Wege aufzeigen. Ihr Vorteil: Da vier Augen mehr sehen als zwei, wird auch das Risiko subjektiver Fehleinschätzung verringert.

Vertrauen ist wichtig Erklären Sie dem Mitarbeiter, warum gerade er die neue Aufgabe mit Kompetenzen und Verantwortung erhält. Zeigen Sie Ihr aufrichtiges Vertrauen in seine Fähigkeiten, die neue Herausforderung glänzend zu bestehen. Schließlich haben Sie ja im Vorfeld sorgfältig analysiert (siehe Seite 88), ob eine Delegation an den vor Ihnen sitzenden Mitarbeiter eine Erfolg versprechende Option darstellt.

Ihre Zuversicht springt im Idealfall auf Ihren Mitarbeiter über. Welcher Mitarbeiter kann sich schon der positiven Wirkung folgender Vorgesetztenworte entziehen:

Optimismus steckt an *„Sie haben in letzter Zeit immer wieder sehr erfreuliche Fähigkeiten in der Behandlung von Mitmenschen erkennen lassen, so dass ich Ihnen eine erfolgreiche Erledigung von Reklamationsgesprächen zutraue. Sie wissen ja, wie wichtig es ist, Beschwerden so zu bearbeiten, dass der Kunde uns auch weiterhin treu bleibt. Da sind Ihr Fingerspitzengefühl und Ihr Sachverstand gefragt..."*

6. Wie gehen Sie vor?

Fehler ausschalten

Anfängliche Unsicherheiten Ihres Mitarbeiters räumen Sie aus, wenn Sie nüchtern und realistisch auf vermeidbare Fehlerquellen und mögliche Anfangsschwierigkeiten hinweisen. Bei diesem Vorgehen erkennt Ihr Mitstreiter, dass Sie ihm unnötige Negativ-Erfahrungen ersparen wollen, ihn nicht ins kalte Wasser werfen, sondern großes Interesse daran haben, die bisher selbst erledigte Aufgabe mit guten Erfolgsaussichten auf ihn zu übertragen.

Wichtigkeit für die Firma

Es genügt nicht, allein den technischen Ablauf einer Arbeit zu erläutern. Machen Sie dem Mitarbeiter auch klar, weshalb die delegierte Aufgabe für den Betrieb oder die Abteilung besonders wichtig ist. Weiß der Mitarbeiter, weshalb seine Arbeitsleistung zum Gesamtnutzen seiner Firma beiträgt, wird er sich als wichtigen Teil des Unternehmens empfinden.

Machen Sie die Aufgabe spannend!

Die zu delegierende Aufgabe ist für Sie im Laufe der Zeit zur eher langweiligen, wenig anspruchsvollen Routine geworden. Für Ihren Mitarbeiter kann dieselbe Aufgabe aber äußerst interessant und herausfordernd sein. Unklug wären hier abwertende Bemerkungen wie: „Für diese Dinge habe ich einfach nicht mehr die Zeit. Ich muss mich um wichtigere Dinge kümmern!", oder, „Die Firma bezahlt mich nicht für Hilfsarbeiten, das entspricht eher Ihrer Bezahlung." Derartige Begleitmusik wirkt demotivierend und damit leistungshemmend.

Sinnvolle Arbeitsteilung mit der Übertragung von Befugnissen und Handlungsverantwortung darf keinesfalls mit dem Stempel geringwertiger, wenig bedeutsamer Arbeit versehen werden. Gelingt es Ihnen, Ihrem Mitarbeiter mit einer gewissen Begeisterung die vorgesehene neue Aufgabe darzustellen, unterstreichen Sie deren Bedeutung.

6. Wie gehen Sie vor?

Fragenkatalog zur Vorbereitung des Delegationsgesprächs

Da ungeplante Gespräche zumeist planlos verlaufen und wichtige Punkte unbeachtet lassen oder nur streifen, legen Sie sich für das Delegationsgespräch eine Checkliste zurecht. Sie könnte z. B. nachstehende Fragen enthalten. Diese sollten zunächst für beide Seiten zufrieden stellend erörtert werden, bevor die vorgesehene Delegation endgültig beschlossen wird:

Checkliste

☐ Habe ich den Mitarbeiter frühzeitig in das Delegationsvorhaben einbezogen und hatte er ausreichend Gelegenheit, eigene Vorstellungen einzubringen?

☐ Ist es mir gelungen, dem Mitarbeiter die Bedeutung der vorgesehenen Delegation für den Betrieb/die Abteilung herauszustellen?

☐ Wird sich der Mitarbeiter nach der von mir geäußerten Wertschätzung seiner Person/seines Potenzials motiviert der zu übertragenden Aufgabe zuwenden?

☐ Welche messbaren, herausfordernden Ziele sollte ich mit dem Mitarbeiter vereinbaren?

☐ Was soll getan werden (Teilaufgaben, angestrebtes Ergebnis, akzeptable Abweichungen)?

☐ Warum soll es getan werden und was passiert, wenn die Arbeit nicht oder unvollständig ausgeführt wird?

6. Wie gehen Sie vor?

- [ ] Wann soll die Aufgabe begonnen und abgeschlossen sein (Zwischentermine, Vorlage von Teilergebnissen, Termine für Stichprobenkontrollen)?

- [ ] Ist die Abgrenzung der delegierten Aufgabe zu den mir obliegenden Aufgaben (z. B. außergewöhnliche Fälle) eindeutig und verstanden?

- [ ] Weiß der Mitarbeiter, dass ich weiterhin meinen Kontrollpflichten (siehe Seite 114) nachkommen und Aufgaben- und Kompetenzüberschreitungen entgegentreten werde?

- [ ] Auf welchen Wegen will der Mitarbeiter die vereinbarten Ziele erreichen?

- [ ] Sind die erforderlichen Fertigkeiten und Kenntnisse für die neue Aufgabe in vollem Umfang vorhanden? Oder gibt es Defizite, die zunächst auszugleichen sind?

- [ ] Erscheinen dem Mitarbeiter die vorgesehenen Kompetenzen ausreichend?

- [ ] Sieht der Mitarbeiter Punkte, an denen er auf besondere Unterstützung von mir oder Dritten angewiesen ist?

- [ ] Benötigt der Mitarbeiter sonstige Ressourcen für die zu delegierende Aufgabe (z. B. zusätzliches Personal, vergrößertes Budget, weitere technische Hilfsmittel)?

6. Wie gehen Sie vor?

> ☐ Hat der Mitarbeiter den Eindruck, dass er genügend Informationen über die neue Situation besitzt?
>
> ☐ Mit welchen Schwierigkeiten und Risikofaktoren ist zu rechnen, und was kann ich vorbeugend tun, dass es gar nicht erst zu Problemen kommt?
>
> ☐ Sieht der Mitarbeiter einen Bedarf an weiteren organisatorischen Veränderungen?
>
> ☐ Kann der Mitarbeiter mit der vorgesehenen Delegation leben? Was für ein Gefühl hat er hierbei?

9. Versorgen Sie den Mitarbeiter mit notwendigen Informationen

Sie wissen, dass heutzutage der „Produktionsfaktor Information" mehr und mehr an Gewicht gewinnt. Der informierte Mitarbeiter kann für jedes Problem eine Lösung finden, der uninformierte Mitarbeiter hat für jede Lösung ein Problem!

Schnell und ohne Risiko entscheiden

Aus Sicht des Betriebes ist es wichtig, dass jeder Mitarbeiter für seinen Aufgabenbereich einen möglichst hohen Informationsstand erreicht, damit er zweckmäßig handeln und besser entscheiden kann. Dies gilt natürlich besonders für neue, im Rahmen der Delegation auszuführende Aufgaben, bei denen der Mitarbeiter nicht auf einen reichen Erfahrungsschatz zurückgreifen kann.

Selbstständig durch Information

Sollen Mitarbeiter mitdenken, selbstständig handeln und für Ihren Bereich die Handlungsverantwortung überneh-

6. Wie gehen Sie vor?

men, so müssen sie gezielt mit den erforderlichen Informationen versorgt werden. Mit untauglichen Informationen kann selbst der beste Mitarbeiter keine erstklassige Arbeit produzieren.

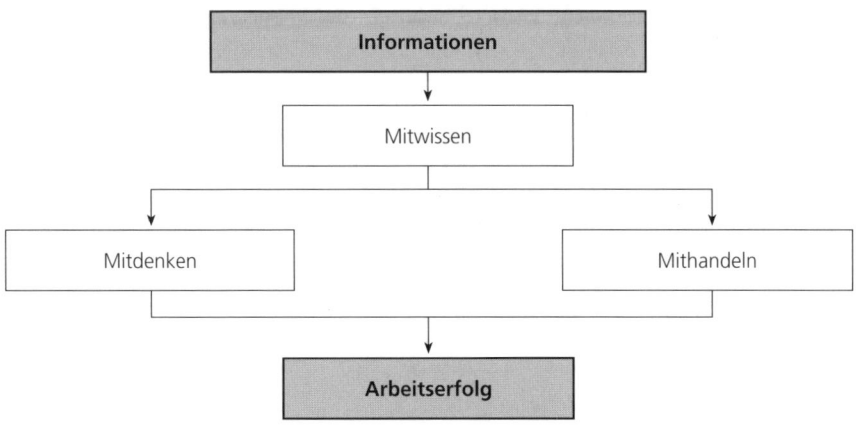

Fehlen Informationen, kann der Arbeitsablauf nicht befriedigend funktionieren, denn an die Stelle von Informationen treten Vermutungen, die die Entscheidungen sachlich nicht optimal absichern. Hier einige Beispiele für die Nachteile fehlender Informationen:

Wenn Informationen fehlen

- In Besprechungen gehen Teilnehmer von unterschiedlichen Voraussetzungen aus.
- Vorgänge bleiben unerledigt, Entscheidungen werden unnötig hinausgeschoben, die unerledigte Arbeit bildet für den Mitarbeiter eine ständige Belastung.
- So manche Arbeit muss neu begonnen werden, wenn Informationen zu spät ihren Empfänger erreichen.
- Falsche Entscheidungen werden getroffen und später mit großem Zeit- und Kostenaufwand korrigiert.
- Zielvereinbarung und Planung erweisen sich als unmöglich.

6. Wie gehen Sie vor?

Das Arbeitsklima leidet Kurzum: Diverse Reibungsverluste stellen sich zwangsläufig ein. Nicht nur die Aufgabenerledigung leidet, auch das Arbeitsklima nimmt Schaden und der Mitarbeiter wird sich künftig gegen Delegationen sträuben.

Informationsgrenzen Die Informationspflicht des Vorgesetzten findet nur dort ihre Grenzen, wo Taktgefühl oder der Schutz bestimmter Personen oder der gesamten Organisation die Zurückhaltung von Informationen gebietet.

Subjektives Informationsbedürfnis *Aus der Sicht des Mitarbeiters* ist es sein gutes Recht, laufend über alles Wichtige informiert zu werden. Wer sich für seine Arbeit verantwortlich fühlt, ist allergisch gegen Geheimniskrämerei. Neben dem objektiven Informationsbedarf gibt es ein subjektives Informationsbedürfnis. Der Mitarbeiter will

■ seinem Bedürfnis nach Sicherheit nachkommen (Er will Wissenswertes frühzeitig erfahren – z. B. Veränderungen sachlicher und personeller Art, um sich darauf einzustellen. Wissen gibt Sicherheit, Nichtwissen erzeugt regelmäßig Misstrauen.),

■ Kontakt zu anderen Menschen aufnehmen und intensivieren (Der Wunsch, mitzuteilen – mit anderen zu teilen –, ist eine Art Instinkt: Mitteilen bedeutet Zugehörigkeit und Befriedigung sozialer Bedürfnisse. Aus dem *„Lied von der Glocke"* ist uns bekannt: *„Wenn gute Reden sie begleiten, dann fließt die Arbeit munter fort".*),

■ seinen natürlichen Orientierungstrieb (angeborene Neugier, „Reizhunger") befriedigen,

6. Wie gehen Sie vor?

- über Wichtigkeit und Richtigkeit seiner Arbeitsergebnisse Hinweise erhalten und

- sein Selbstbewusstsein heben (Verfügt der Mitarbeiter über umfangreiche Informationen – gleichgültig wie wichtig sie sind –, sicht er dies als Bestätigung seiner eigenen Person an.).

Hiernach ist es grundsätzlich richtig, von einem unbegrenzten latenten Interesse der Mitarbeiter an allen sie unmittelbar oder mittelbar betreffenden Informationen auszugehen. Versagt die innerbetriebliche Informationsübermittlung, fühlt sich der Mitarbeiter persönlich hintangesetzt, vernachlässigt oder vorsätzlich hintergangen. Qualvolle Ungewissheit kann zu einem *horror vacui* (= Angst vor der Leere), bei manchen Mitarbeitern sogar zu Depressionen führen. Werden vermeidbare Fehler durch einen Informationsmangel verursacht, wird der Unmut doppelt intensiv empfunden.

Unwissenheit wirkt quälend

Hier noch einmal zusammengefasst die Nachteile mangelhafter Informationspolitik:

- Missverständnisse,
- Doppelarbeiten,
- Nachfragen,
- Zeitverzögerungen,
- Konflikte,
- Demotivation und Unzufriedenheit bei allen Beteiligten,
- Frustration,
- Stress- und Angstgefühle.

6. Wie gehen Sie vor?

Kontollieren, anerkennen, kritisieren

10. Delegieren Sie kontrolliert!
Je mehr Freiheiten Sie den Mitarbeitern bei der Wahl ihrer Arbeitsverfahren lassen, umso mehr Engagement, Initiative und Kreativität werden sie entwickeln. Dennoch dürfen Sie Ihre Kontrollpflichten – einschließlich der Führungsmittel Anerkennung und Kritik – nicht vergessen.

Vergangenheitsbezogene Ergebniskontrollen

Ergebniskontrollen zeigen den Beteiligten, in welchem Ausmaß Arbeitsziele oder Teilziele erreicht wurden. Erfolgt die Kontrolle der Arbeitsergebnisse in einer takt- und rücksichtsvollen Atmosphäre, erkennt der Mitarbeiter sie auch eher als Instrument der Hilfestellung und Leistungsverbesserung.

Bei der Ergebniskontrolle wird das Arbeitsergebnis analysiert, der Weg dorthin bleibt außer Betracht. Diese Kontrolle wird vergangenheitsbezogen gehandhabt und deshalb von Kritikern gern als „Leichenschau" bezeichnet. Bei fehlerhafter Erledigung der Arbeit ist „das Kind bereits in den Brunnen gefallen", wenn die Kontrolle erfolgt. Es bleibt nur Resignation oder frustrierende Schadensbegrenzung.

Gegenwartsbezogene Stichprobenkontrollen

Um dieses Manko auszugleichen, sehen Sie zusätzlich gegenwartsbezogene *Stichprobenkontrollen* vor, deren Wert als „Frühwarnsystem" unbestritten ist. Sie sind vorrangig an strategischen Kontrollpunkten vorzusehen, an denen erfahrungsgemäß Probleme / Störungen / Fehler besonders häufig auftreten oder an denen Fehler zu weiteren Fehlern oder Abweichungen führen können.

6. Wie gehen Sie vor?

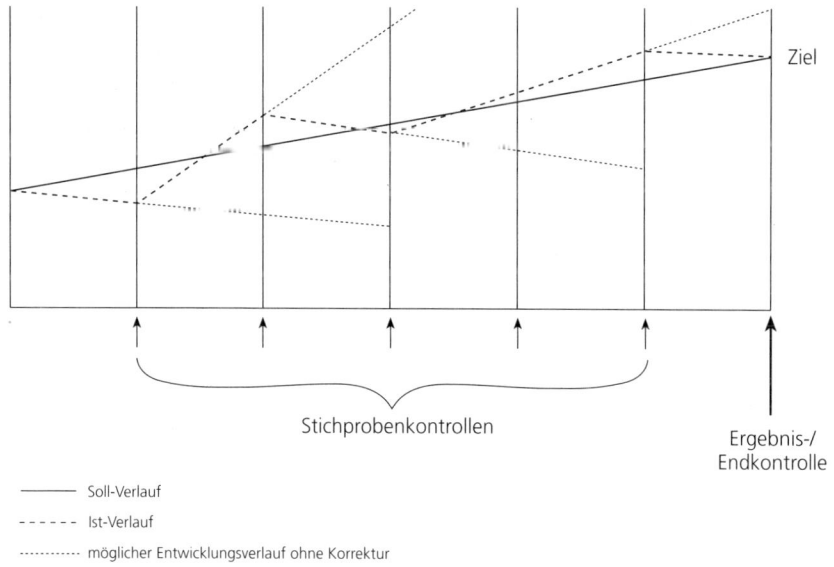

Soll-Verlauf
Ist-Verlauf
möglicher Entwicklungsverlauf ohne Korrektur

Bei jeder Delegation müssen Sie Ihre Führungsaufgabe Kontrolle neu bestimmen. Entscheidend dafür ist der Reifegrad des Mitarbeiters (siehe Seite 91). Es ist ein gravierender Unterschied, ob ein Mitarbeiter für die zu delegierende Aufgabe keine Erfahrung besitzt, über Grundkenntnisse verfügt, einigermaßen erfahren oder gar Experte ist.

Individueller Kontrollbedarf

Mitarbeitern mit hohem Reifegrad können Sie Ihr Vertrauen und Ihre Zuversicht am besten dadurch demonstrieren, dass Kontrollen reduziert werden und der Mitarbeiter in eigener Regie arbeiten kann. Arbeiten von Mitarbeitern mit niedrigem Reifegrad müssen hingegen ständig kontrolliert werden. Aber auch hier vermeiden Sie es Druck auszuüben, weil Sie durch Druck regelmäßig Gegendruck provozieren.

Häufige Kontrolle je nach Reifegrad

6. Wie gehen Sie vor?

Fehler-Risiko einschätzen   Stets bemühen Sie sich, die Balance zwischen häufigem Kontrollieren und zu seltener Kontrolle zu halten. Zu häufige Kontrollen entmündigen den Mitarbeiter und erziehen ihn zur Unselbstständigkeit. Wollen Sie alles kontrollieren, können Sie auch gleich alles selber machen! Dann brauchen Sie sich mit der Führungstechnik Delegation nicht mehr zu beschäftigen! Zu seltene Kontrollen vergrößern allerdings das Fehler-Risiko:

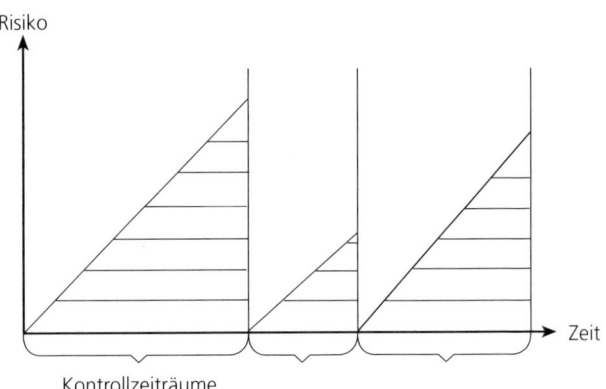

Kritik soll weiterhelfen   Wesentlicher Zweck Ihrer Kontrollen ist die Verbesserung des Ergebnisses. Deshalb müssen Sie Ihre gewonnenen Erkenntnisse auch an den Mitarbeiter weitergeben. Hat der Mitarbeiter das vereinbarte Soll durch Fehler oder falsche bzw. unerwünschte Verhaltensweisen nicht erreicht, sind Sie zu einer sachlichen, begründeten und konstruktiven Kritik verpflichtet.

Lob verbessert die Motivation   Stellen Sie aber ein erfreuliches Ergebnis fest, hat Ihr Mitarbeiter aufrichtige Anerkennung verdient. Damit können Sie schlummernde Kräfte wecken. Anerkennung wirkt wie Lebenslust spendende Vitamine und beeinflusst die künftige Arbeit.

6. Wie gehen Sie vor?

11. Geben Sie dem Mitarbeiter Befugnis zur Unterschrift

Vergessen Sie nicht, mit der Entscheidungsbefugnis dem Mitarbeiter auch die Zeichnungsbefugnis zu geben. Böse Zungen behaupten, Führungskräfte wären die teuersten Handarbeiter, weil sie den lieben langen Tag nur Unterschriften leisten. Soll der Mitarbeiter in seinem Delegationsbereich selbstständig handeln, bedeutet das auch praktisch, unterschreiben zu dürfen.

| Wo zuständig – da selbstständig! |

Die Unterschrift besiegelt dabei die persönliche Haftung, also seine Handlungsverantwortung. Bedenken Sie:

| Je mehr der Vorgesetzte delegiert, umso weniger Papier landet auf seinem Schreibtisch! |

12. Gestehen Sie dem Mitarbeiter die erforderliche Umstellungszeit zu

Ergriffen Sie selbst die Initiative zu einer Delegation, so haben Sie sich über eine längere Zeit mit der Umstellung gedanklich auseinander gesetzt. Auch kennen Sie die zu delegierende Aufgabe genau. Gegenüber Ihren Mitarbei-

Denken Sie an Ihren Vorsprung!

6. Wie gehen Sie vor?

tern besitzen Sie einen bedeutenden Erfahrungs-, Zeit- und Informationsvorsprung. Werden Sie also nicht gleich ungeduldig, wenn ein Mitarbeiter die Delegation nicht auf Anhieb meistert, auch wenn Sie ihn frühzeitig einbezogen haben.

Der Mensch ist ein „Gewohnheitstier". Manche Mitarbeiter brauchen ein wenig, andere mehr Zeit, um sich mit neuen Aufgaben anzufreunden, eventuell bisherige Gewohnheiten aufzugeben oder sich auch nur in einer minimal veränderten Situation zurechtzufinden.

Beweisen Sie Besonnenheit! Begehen Sie nicht aus lauter Ungeduld den Fehler, eine vollzogene Delegation beim ersten Fehler sofort wieder rückgängig zu machen, weil angeblich der Mitarbeiter unfähig ist. Für manche Vorgesetzte ist es leider charakteristisch, dass sie nur halbherzig delegieren und dann bei der ersten Gelegenheit umkehren wollen. Ihr Vertrauen in die Leistungsbereitschaft des Mitarbeiters bleibt stets ein Wagnis und sollte nicht bei einem geringfügigen Anlass sofort entzogen werden.

13. Überfordern Sie Ihre Mitarbeiter nicht

Umbrüche richtig dosieren Ein Mitarbeiter kann nur ein begrenztes Maß an Änderungen im Arbeitsbereich verkraften. Umstellungen und Neuorientierungen sind schließlich nicht nur auf die Berufstätigkeit beschränkt, sondern vollziehen sich auch im privaten Umfeld. Dies kann sich zu so großen Umbrüchen addieren, dass möglicherweise Zukunftsängste entstehen.

Unruhe durch häufige Änderungen Auch führt eine größere Anzahl von Delegationen innerhalb einer kürzeren Zeitspanne regelmäßig zu organisatorischen Störungen. Wie oft kommt es zu fast permanenten Änderungen, wenn eine Arbeitsgruppe einen neuen Vorgesetzten erhält! Ist das Tempo dann folgender

6. Wie gehen Sie vor?

Delegationsfälle zu groß, verweigern die etablierten Mitarbeiter bald die Gefolgschaft.

Besser ist ein dosiertes und schrittweises Vorgehen, bei dem Sie mit der Delegation kleinerer und weniger wichtiger Aufgaben beginnen. In der Folgezeit weiten Sie den Rahmen systematisch mit anspruchs- und verantwortungsvolleren Aufgaben aus, entsprechend der wachsenden Erfahrung und dem vergrößerten Selbstvertrauen. So wie Sie einen neuen Motor vorsichtig „einfahren" und damit ärgerliche Pannen vermeiden, ermöglichen Sie dem Mitarbeiter ein allmähliches Warmlaufen, bis er seine Höchstform erreicht hat. **Systematisch delegieren**

14. Lassen Sie keine Rückdelegation zu
Analysieren Sie zunächst bitte die beiden folgenden Fälle:

Ein Mitarbeiter trägt seinem Vorgesetzten seine Überlegungen zur Lösung eines Problems vor. Unter Hinweis auf dessen großen Erfahrungsschatz bittet er den Vorgesetzten, ihm zu raten, welche der vorgetragenen Handlungsalternativen realisiert werden soll. Der Vorgesetzte fühlt sich zur Hilfestellung veranlasst und erklärt: „So leicht ist das Problem nicht zu lösen. Ich werde mir den Sachverhalt in Ruhe durch den Kopf gehen lassen und Sie danach wieder ansprechen."

Die örtliche Tageszeitung möchte über die Volkshochschule berichten und hat deshalb den Wunsch geäußert, einen Lehrgangsteilnehmer einer längeren Bildungsmaßnahme nach seinen persönlichen Erfahrungen zu befragen. Der Leiter der Volkshochschule beauftragt einen pädagogischen Mitarbeiter, einen Interviewpartner für die Zeitung auszuwählen. Der Kandidat soll sich mündlich gut ausdrücken können und überdurchschnittliche Leistungen vorweisen.

6. Wie gehen Sie vor?

Am nächsten Tag schlägt der pädagogische Mitarbeiter seinem Vorgesetzten drei Lehrgangsteilnehmer vor, die seiner Meinung nach nahezu gleich gut geeignet seien. Der Leiter reagiert: „Na fein, schicken Sie mir den ersten um 10 Uhr, den nächsten um 10.20 Uhr und den letzten um 10.40 Uhr. Es sollte mir doch möglich sein, den richtigen Mann für das Interview zu finden."

Entscheidungen abschieben Was ist in den geschilderten Fällen geschehen? Den Mitarbeitern ist es gelungen, ihre Probleme zu denen ihrer Vorgesetzten zu machen!
Sie haben das Delegationsprinzip durchbrochen, indem sie übertragene Verantwortung unzulässigerweise an den Vorgesetzten rückdelegiert haben.

RÜCKDELEGIEREN

6. Wie gehen Sie vor?

Manche Mitarbeiter, die es bisher gewohnt waren nur Weisungen auszuführen, versuchen, unangenehme Entscheidungen aus Gründen der Risikominderung oder Rückversicherung dem Vorgesetzten zuzuschieben, indem sie nichts ohne vorherige Rücksprache und Zustimmung des Vorgesetzten unternehmen. Andere sind so clever, Unsicherheit zu signalisieren, um so das Eingreifen ihres Vorgesetzten zu provozieren. Sie gehen damit nicht nur dem Vorgesetzten auf die Nerven, sondern entziehen sich auch ihrer Handlungsverantwortung.

Mangelnde Risikobereitschaft

Es lässt sich nicht ausschließen, dass sich Vorgesetzte zunächst geschmeichelt fühlen, wenn sie von einem Mitarbeiter täglich dreimal aufgesucht und mit vielen Worten des Bedauerns über die Störung um Zustimmung zu irgendeiner belanglosen Regelung gebeten werden. Auch fällt es manchem Vorgesetzten schwer „Nein" zu sagen, wenn er um Rat und Hilfe gebeten wird. Unterschwellig besteht Angst, den Mitarbeiter durch ein „Nein" zu verletzen oder wegen versagter Unterstützung als unsozial oder wenig kooperativ zu gelten.

Sie müssen „Nein" sagen!

Gewiss: Für den Mitarbeiter ist es einfach, den Vorgesetzten zu fragen, wie entschieden werden soll. Und für den Vorgesetzten, der das Entscheiden normalerweise gewöhnt ist, bedeutet die Antwort keine Schwierigkeit. Dennoch wird der Vorgesetzte jeder Regung widerstehen, eine Rückdelegation zuzulassen.

Manche wohlmeinenden Ratschläge signalisieren die Bereitschaft des Vorgesetzten, eine Rückdelegation anzunehmen. So z. B.

So nicht!

- „Bevor etwas falsch läuft, klären Sie das erst mit mir ..."
- „Lassen Sie uns gemeinsam abwägen und entscheiden ..."

6. Wie gehen Sie vor?

■ „Wenn Sie eine Entscheidung benötigen, ist meine Tür für Sie immer offen..."

Das hilft weiter! Dem Delegationsprinzip eher angemessen sind solche Reaktionen der Führungskraft:

■ „Was schlagen *Sie* vor?"
■ „Was kann ich mit Ihnen gemeinsam tun, damit *Sie* die Aufgabe erfüllen und eine Entscheidung treffen können?"
■ „Welche Alternativen haben *Sie* sich überlegt?"

Zum Weitermachen anregen Vermeidet der Vorgesetzte Antworten und stellt er stattdessen Fragen wie oben vorgeschlagen, so veranlasst er den Mitarbeiter, weiter nachzudenken und seine Arbeit selbst zu tun. Falls erforderlich, wird der kluge Vorgesetzte mit dem Mitarbeiter die zur Entscheidung notwendigen Informationen durchgehen, den Mitarbeiter daraufhin aber selbst entscheiden lassen.

Damit ist das Ziel erreicht:

■ Die Rückdelegation ist abgewehrt.
■ Der Mitarbeiter muss weiterhin Entscheidungen in seinem Delegationsbereich treffen und verantworten.
■ Der Mitarbeiter spürt, dass der Vorgesetzte ihm trotz aufgetretener Probleme weiterhin sein Vertrauen schenkt.
■ Der Mitarbeiter ist zu weiterem Mitdenken und Mithandeln angespornt.

Die positive Verstärkung Vorsorglich wird der Vorgesetzte den zur Rückdelegation neigenden Mitarbeiter häufiger kontrollieren und ihm dabei so oft wie möglich bestätigen, dass er seine Entscheidungen sachgerecht getroffen hat. Dies entspricht

6. Wie gehen Sie vor?

dem Grundsatz der positiven Verstärkung und auch der Führungsverantwortung des Vorgesetzten.

> **Kommt ein Mitarbeiter mit einem Problem, unterstützen Sie ihn – aber achten Sie darauf, dass der Mitarbeiter anschließend das Problem wieder mitnimmt! So managen Sie Ihren Mitarbeiter. Bei Rückdelegation managt der Mitarbeiter Sie!!!**

Nur in einigen Ausnahmefällen sollten Sie eine Rückdelegation zulassen, so z. B., wenn Sie zu der wohl begründeten Auffassung gelangen, dass der Mitarbeiter

Erlaubte Rückdelegationen

- mit der Arbeitsmenge überlastet oder
- von seiner persönlichen Eignung her überfordert ist.

15. Schaffen Sie die organisatorischen Voraussetzungen

Sind die Zuständigkeitsbereiche der Mitarbeiter nicht sinnvoll voneinander abgegrenzt, kommt es im Extremfall zu chaotischen Zuständen:

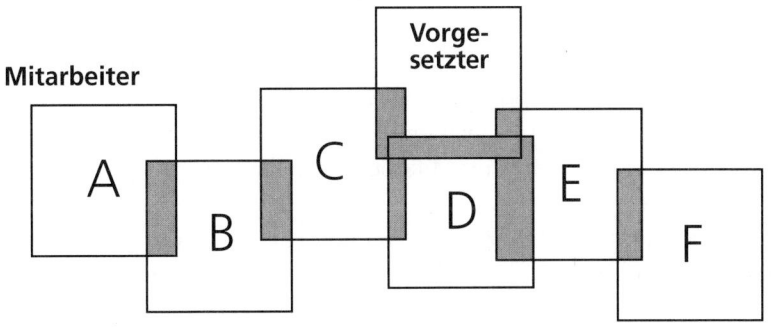

6. Wie gehen Sie vor?

Solche lästigen Überschneidungen sind Ihnen sicher bekannt:

- Organisation und Betriebsablauf werden unübersichtlich und lassen Transparenz vermissen,
- Mitarbeiter weisen die Handlungsverantwortung wegen diffuser Abgrenzungen von sich,
- zwischen den Betriebsangehörigen kommt es zu Kompetenzüberschneidungen und Kompetenzkonflikten.
- Es wird „in der Grauzone" delegiert, d. h. Mitarbeiter tauschen untereinander ohne Kenntnis oder Billigung des Vorgesetzten Arbeiten aus nach der Devise: „Ich möchte auch einmal die Terminplanung machen, dafür kannst du dich mit dem neuen PC-Programm beschäftigen."

Mittel der Organisation

Um diese Unzulänglichkeiten zu vermeiden, steuern Sie frühzeitig gegen mittels

- Stellenbeschreibungen,
- klarer Unternehmensgliederung in Form eines Organigramms,
- Information aller Mitarbeiter Ihres Bereichs über die neuen Regelungen. So wird vermieden, dass sich ein Mitarbeiter übergangen fühlt, wenn neu übertragene Aufgaben und Kompetenzen in die Aufgabenbereiche anderer Mitarbeiter hinübergreifen.

Voraussetzung für Verantwortung

Erst klar umrissene und eindeutig gegeneinander abgegrenzte Aufgabengebiete mit den dazugehörigen Kompetenzen ermöglichen eine erfolgreiche Delegation von Verantwortung im Sinne eines kooperativen Vorgehens.

6. Wie gehen Sie vor?

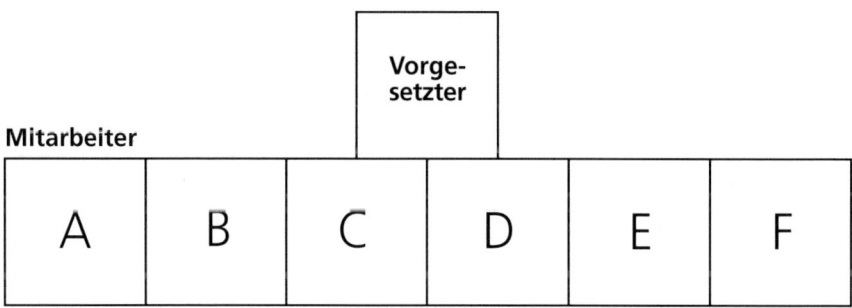

Ein Manko dieser klaren Abgrenzung wird erkennbar, wenn Ihre Mitarbeiter diese zu starr sehen und sich ausschließlich auf den eigenen Bereich konzentrieren, ohne Blick nach links oder rechts. Hier wird der Vorgesetzte zum Beispiel durch angemessene Informationen darauf zu achten haben, dass die Mitarbeiter auch über die Grenzen Ihres Delegationsbereichs blicken, statt Scheuklappen zu tragen und ein ausschließliches Ressortdenken zu zeigen.

Vermeiden Sie Scheuklappen

16. Das „Follow-up" darf nicht fehlen

Über Ihre Kontrollpflicht (siehe Seite 82) hinaus sehen Sie nach erst- oder mehrmaliger Durchführung der delegierten Aufgabe eine Nachbesprechung mit dem Mitarbeiter vor. Dieses Gespräch führen Sie nicht überfallartig zwischen Tür und Angel so, wie es sich gerade ergibt, sondern vereinbaren mit dem Mitarbeiter rechtzeitig einen Termin, damit auch er sich vorbereiten kann.

Die Nachbesprechung

Selbstverständlich machen Sie sich vorher Gedanken, wie der Mitarbeiter nach Ihren Kontrollergebnissen die Aufgabe gemeistert hat, was gut gelaufen ist und was als verbesserungswürdig eingestuft werden kann. Begehen Sie nicht den Fehler, das Geschehen in epischer Breite aus dem eigenen Blickwinkel darzustellen und den Mitar-

Keine langen Reden!

6. Wie gehen Sie vor?

beiter zum Zuhören zu verurteilen. Da der Mitarbeiter die delegierte Aufgabe auch künftig bestmöglich erledigen soll, ist seine Meinung gefragt. Ihnen bleibt es vorbehalten, das Gespräch durch überlegte Fragen zu steuern. Hier einige Anregungen für solche Fragen:

Fragen für die Nachbesprechung

- „Wie ist Ihrer Meinung nach die Delegation bisher gelaufen?"

- „Was ist Ihnen bei der neuen Aufgabe sowohl positiv als auch negativ aufgefallen?"

- „Hatten Sie das Gefühl, dass ich mich – ohne es zu merken – zu häufig eingemischt habe?"

- „Erwiesen sich die anfänglich vereinbarten Ziele als realistisch?"

- „Was lief schief? Was taten Sie um die Arbeit dennoch zufriedenstellend zu erledigen?

- „Lässt sich Ihr gesamtes Arbeitspensum in der zur Verfügung stehenden Zeit erledigen?"

- „Stehen Ihnen alle für die Aufgabenerledigung erforderlichen Hilfsmittel zur Verfügung?"

- „Sind Unklarheiten in den Kompetenzregelungen aufgetreten? Haben Mitarbeiter und Kollegen die Neuregelung akzeptiert?"

- „Traten sonstige Probleme zutage, die wir zu Beginn der Delegation übersahen?"

6. Wie gehen Sie vor?

> - „Verfügen Sie über genügend Informationen, um diese Aufgabe langfristig erfolgreich durchzuführen?"
> - „Welche Vorschläge haben Sie zur Verbesserung des Arbeitsablaufs bei der delegierten Aufgabe?"
> - „Welche Mittel und Wege können wir zur Beseitigung festgestellter Mängel nutzen?"
> - „Sind Sie nach Ihren bisherigen Erfahrungen auch künftig bereit, weitere Aufgaben mit Kompetenzen und Verantwortung zu übernehmen?"

Den Mitarbeiter aufbauen

Selbst wenn bislang die Aufgabenerledigung noch nicht Ihren Vorstellungen entspricht, führen Sie dennoch das Gespräch in einer kooperativen und konstruktiven Atmosphäre. Ihr Bestreben sollte stets sein, den Mitarbeiter aufzubauen, damit das vorrangige Ziel zeitgemäßer Mitarbeiterführung erreicht wird:

> Bestmögliche Aufgabenerledigung bei gleichzeitig größtmöglicher Zufriedenheit des Mitarbeiters

Mit der Auswertung der Erkenntnisse aus Ihrer Nachbesprechung ist der Delegationsvorgang abgeschlossen; die übertragene Aufgabe ist nun fester Bestandteil des Aufgabenkatalogs Ihres Mitarbeiters.

Die Fehler beim Delegieren

Zeigen Sie nach durchgeführter Delegation unbeabsichtigt undiplomatische Reaktionen, wecken Sie Frustrationen bei Ihrem Mitarbeiter, welche die gesamte Delegation in einem negativen Licht erscheinen lassen. Hier zusammengefasst noch einmal die Kardinalfehler beim Delegieren:

6. Wie gehen Sie vor?

- Sie bauen den Mitarbeiter nicht auf, sondern lassen Zweifel an seinen Fähigkeiten erkennen.

- Sie mischen sich in alles ein und schauen dem Mitarbeiter ständig über die Schulter anstatt nur dann, wenn es absolut notwendig ist.

- Sie greifen nicht ein, wenn offenkundig wird, dass der Mitarbeiter aus zeitlichen oder eignungsmäßigen Gründen die Arbeit beim besten Willen nicht schaffen kann.

- Sie verteilen häufig unerbetene väterliche Ratschläge, bei denen sich Ihr Mitarbeiter bevormundet fühlt und vermutlich ablehnend reagiert.

- Sie geben keinen Wohlwollensvorschuss, sondern lassen sogleich Ihre Skepsis erkennen, wenn der Mitarbeiter mit eigenen Methoden zu arbeiten beginnt.

- Sie verweigern nicht die Rücknahme der Delegation, sondern machen die Aufgabe des Mitarbeiters wieder zu der Ihren.

- Sie lassen den Mitarbeiter bewusst in für Sie erkennbare Fallen tappen, damit er eigene Erfahrungen macht.

- Sie zeigen keine Geduld bei Anlaufschwierigkeiten.

- Sie ziehen für alle bemerkbar die Kontrollschraube an.

- Sie setzen den Mitarbeiter unter Druck, indem Sie vom ersten Tag an äußerst pingelig auf einer perfekten Aufgabenerledigung bestehen.

6. Wie gehen Sie vor?

- Sie unterlassen bei anfänglichen Erfolgen des Mitarbeiters die Anerkennung. So nutzen Sie nicht die aufbauende Wirkung einer positiven Rückmeldung.

- Sie machen auch die geringsten Fehler des Mitarbeiters zum Inhalt intensiver und zeitaufwendiger Kritikgespräche, um „den Anfängen zu wehren".

- Sie bedanken sich nicht bei dem Mitarbeiter für sein kooperatives Mitwirken am gesamten Delegationsvorgang, sondern betrachten dies als Selbstverständlichkeit.

Was ist bei einmaliger (fallweiser) Delegation zu beachten?

Anweisungen erteilen Unsere bisherigen Erörterungen betrafen vorrangig die dauerhafte Delegation von Aufgaben, Kompetenzen und Verantwortung. Wollen wir eine Aufgabe lediglich einmalig oder gelegentlich übertragen oder verfügt der Mitarbeiter über einen sehr niedrigen Reifegrad, erteilen wir einen *Einzelauftrag* und verdeutlichen unseren zielgerichteten Willen mittels einer *Anweisung*.

Oft klappt es nicht Das Führungsmittel Anweisung zählt zum Tagesgeschäft eines Vorgesetzten. Doch oft genug funktioniert es nicht richtig – sehr zum Ärger der betroffenen Führungskräfte, die ihren Unmut etwa so äußern:

„Man kann sich den Mund fusselig reden. Entweder werden meine Anweisungen falsch oder überhaupt nicht befolgt. Es wird wohl höchste Zeit, mit eisernem Besen zu kehren."

„Obwohl ich meinen Mitarbeitern unter großem Zeitaufwand die geforderten Arbeiten erkläre, kommt immer wieder der Schlendrian durch. Es ist zum Verzweifeln …"

„Manchmal bin ich dicht dran, die Arbeit lieber selber zu machen, bevor ich zeitraubende Anweisungen gebe, die dann doch falsch ausgeführt werden."

7. Was ist bei einmaliger (fallweiser) Delegation zu beachten?

Diese Vorgesetzten suchen bei unzureichenden Ergebnissen die Schuld bei Ihren Mitarbeitern. Meistens liegt es aber daran, dass die Anweisungen unklar und unvollständig gegeben werden. Auch die Form, in der die Anweisungen den Mitarbeitern vorgetragen werden, ist oft nicht sehr erfolgversprechend.

**Wichtig:
Die Form der Anweisung**

Sollen Ihre Anweisungen gute Ergebnisse bringen, werden Sie erst dann tätig, wenn Sie sich selbst über den Auftrag klar sind und diesen nicht erst während des Gesprächs mit dem Mitarbeiter formulieren. Auf jeden Fall überdenken Sie vorher diese Leitfragen:

Wichtige Leitfragen

> **Sechs Ws:**
> **WER? WAS? WANN? WIE? WOMIT? WARUM?**

7. Was ist bei einmaliger (fallweiser) Delegation zu beachten?

Gezielt ansprechen

Wer?
Zunächst ist zu überlegen, welcher Mitarbeiter für die Aufgabe zuständig ist, wer dafür am geeignetsten (nicht bereitwilligsten!) wäre und wer an der Arbeit mitwirken muss. Danach wählen Sie einen bestimmten Mitarbeiter aus. Eine häufige Fehlerquelle sind nämlich Anweisungen, die an einen unbestimmten Personenkreis gerichtet sind:

„Man sollte schnellstens die Werkstatt aufräumen ..."
„Hier muss endlich einmal Aktivität gezeigt werden ..."

Doppelte Arbeit
Solche Anweisungen lassen offen, wer denn nun etwas tun soll. Zumeist fühlt sich kein Mitarbeiter angesprochen, so dass diese diffusen Handlungsanstöße ins Leere laufen. Oder – was seltener der Fall ist – es fühlen sich mehrere Mitarbeiter angesprochen mit der Folge, dass Kompetenzrangeleien und Streit der Mitarbeiter untereinander auftreten. Eventuell wird die gleiche Arbeit sogar mehrfach geleistet.

Das Ziel bestimmen

Was?
Was soll gemacht werden? Aufgaben und Teilaufgaben werden konkret beschrieben und das angestrebte Ergebnis genannt. Stellen Sie auch akzeptable Abweichungen vom Soll sowie denkbare Schwierigkeiten dar.

Termine setzen

Wann?
Zu einer korrekten Anweisung gehört ebenfalls die Angabe, bis wann die Arbeit begonnen werden und bis wann sie ausgeführt sein soll. Auch wichtige Zwischentermine dürfen Sie nicht vergessen. Nicht zuletzt sollten Sie angeben, wann Sie über den Arbeitsfortschritt informiert werden wollen.

7. Was ist bei einmaliger (fallweiser) Delegation zu beachten?

Häufige Fehlerquellen: Den Mitarbeitern werden zu knappe Termine gesetzt. Stellen Sie jede Aufgabe als brandeilig heraus, die eigentlich *„schon vorgestern hätte erledigt werden müssen"*, erlahmt das Bemühen des Mitarbeiters um eine schnelle Ausführung.

Richtig kalkulieren

Mit unpräzisen Aufforderungen wie *„sobald wie möglich"*, *„bei Gelegenheit"* oder *„wenn Sie einmal Zeit haben"* vermitteln Sie den Eindruck, dass bei dieser unbedeutenden Arbeit noch nicht einmal eine Terminvereinbarung vonnöten ist. Wird überhaupt kein Termin gesetzt, kann Ihre Geduld auf eine harte Probe gestellt werden. Vermutlich wird das Ergebnis eine Ewigkeit auf sich warten lassen.

Genaue Angaben

Wie?

Bei der Frage, wie die Arbeit ausgeführt werden soll, wird jedem Vorgesetzten empfohlen, dem Mitarbeiter so viel Freiheit wie möglich zuzugestehen. Dabei werden natürlich die Fähigkeiten und die Sachforderung berücksichtigt. Der Mitarbeiter soll aber erkennen, dass der Vorgesetzte ihn für befähigt hält, die Anweisung eigenständig auszuführen.

Eigenständigkeit fördern

Während Sie bei Mitarbeitern mit niedrigem Reifegrad dem „Wie?" in Ihrer Anweisung größere Bedeutung beimessen, werden Sie dieser Frage bei Mitarbeitern mit hohem Reifegrad geringere Beachtung schenken. Dennoch kann auch bei Mitarbeitern mit großen Fähigkeiten in besonderen Fällen eine Klärung der Arbeitsausführung günstig sein – dann ist aber das „Warum?" (siehe unten) überzeugend darzulegen, sonst entsteht dieser Eindruck:

Auf den Reifegrad kommt es an

7. Was ist bei einmaliger (fallweiser) Delegation zu beachten?

„Womit habe ich das Misstrauen des Meisters verdient, dass er mir plötzlich alles vorschreibt? Ist er mit meinen bisherigen Leistungen so unzufrieden, dass mir jetzt alles vorgekaut werden muss?"

Ehrgeiz wecken Belassen Sie Ihren Mitarbeitern ein möglichst hohes Maß an Selbstständigkeit. Hierdurch wird das Selbstbewusstsein gestärkt sowie der Ehrgeiz und das Wettbewerbsstreben geweckt.

Womit?
Wichtige Arbeitsmittel Welche Hilfsmittel, Vordrucke, Werkzeuge, Unterlagen, Vorschriften sind für eine ordnungsgemäße Arbeitsausführung vonnöten? Es kann zum Beispiel keine computerunterstützte Konstruktionszeichnung erwartet werden, wenn der Mitarbeiter zwar über einen PC, aber nicht über die erforderliche Software verfügt.

Warum?
Zusammenhänge schildern Nur wenn Ihr Mitarbeiter weiß, warum er etwas erledigen soll, fühlt er sich verstärkt verantwortlich und bemüht sich intensiver um eine gute Aufgabenerledigung. Machen Sie den Mitarbeiter mit Hintergründen und Zusammenhängen vertraut, so beziehen Sie ihn stärker in das Betriebsgeschehen ein und wecken sein Interesse und sein Engagement. Selbstverständlichkeiten erläutern Sie nicht in epischer Breite, sondern beschränken sich bei Ihren Kommentaren auf die wesentlichen Punkte.

Prüfen Sie Ihre Wortwahl Mit den „Sechs Ws" überprüft der Vorgesetzte den Inhalt seiner Anweisung, für die Form seiner Anweisung berücksichtigt er nachstehende Anmerkungen:

7. Was ist bei einmaliger (fallweiser) Delegation zu beachten?

▪ Anweisungen sollten präzise und eindeutig sowie kurz und knapp gegeben werden. Dann sind Interpretationsmöglichkeiten weitgehend ausgeschlossen. Ausserdem opfert niemand gerne seine Zeit, um langatmigen Ausführungen zu lauschen. **Präzise**

▪ Verwenden Sie nur Begriffe und Satzkonstruktionen, die der Mitarbeiter ganz sicher versteht, d. h. Sie verzichten auf wenig bekannte Fremdwörter sowie Schachtel- und Bandwurmsätze. **Einfach**

▪ Sie wählen stets einen höflichen, ruhigen und sachlichen Ton und sprechen Ihre Mitarbeiter so an, wie Sie selbst gern angesprochen werden möchten. Ein Kasernenhofton degradiert den Mitarbeiter zum Untergebenen. **Höflich**

▪ Was der Vorgesetzte sagt, nimmt der Mitarbeiter nicht immer akustisch richtig auf, interpretiert es möglicherweise anders oder vergisst manches sogleich. Sie begegnen diesen Fehlerquellen, indem Sie auf ein Feedback des Mitarbeiters in Form der Wiederholung Ihrer Anweisungen bestehen oder zum Nachfragen ermutigen: **Nachhakend**

„Könnten Sie bitte wiederholen, was jetzt auf Sie zukommt?"
„Welche Fragen haben Sie noch zu diesem Komplex?"
„Welche Punkte gibt es jetzt noch, die ich nicht angesprochen oder vielleicht unklar dargestellt habe?"

Hierdurch erhalten Sie die Gewissheit, vom Mitarbeiter richtig verstanden worden zu sein bzw. Unklarheiten ausgeräumt zu haben.

7. Was ist bei einmaliger (fallweiser) Delegation zu beachten?

Schriftlich ■ Komplizierte Anweisungen erläutern Sie dem Mitarbeiter mündlich und geben zusätzlich schriftliche Hinweise, dies vor allem, wenn verschiedene Zahlen eine Rolle spielen.

Ausgeglichen ■ Vermeiden Sie Anweisungen, wenn Sie stark erregt, insbesondere zornig sind. Erst wenn Sie ihr inneres Gleichgewicht wieder gefunden haben, können Sie die Anweisung in richtigem Licht darstellen.

Direkt ■ Erteilen Sie Anweisungen ohne Mittelsmänner. Zwischenstationen könnten die Informationen verfälschen (denken Sie an das Kinderspiel „Stille Post"!). Das Einschalten von Überbringern könnte bei dem Mitarbeiter auch den Eindruck erwecken, dass es sich um unwichtige Anweisungen handelt, weil sich der direkte Vorgesetzte nicht die Zeit nimmt, die Anweisung selbst zu erteilen.

Ergebnis kontrollieren Kontrollieren Sie in angemessener Form, ob die Anweisung befolgt wird. Führt der Mitarbeiter eine Anweisung nicht oder nur unzureichend aus und folgt keine Kontrolle mit Kommentierung durch den Vorgesetzten, werden Ihre Anweisungen künftig nicht mehr ernst genommen.

Ausblick

Nach der Lektüre dieses Buches wissen Sie, dass über eine verstärkte Delegation von Aufgaben, Kompetenzen und Verantwortung bessere Ergebnisse zu erwarten sind – sowohl aufgaben- als auch personenbezogen. Nun gilt es für Sie, unsere Empfehlungen nach dem Motto *„Frisch gewagt ist halb gewonnen"* in die Praxis umzusetzen.

Hiermit einhergehende anfängliche Umstellungsprobleme werden für Sie manchmal Enttäuschungen, aber häufiger angenehme Überraschungen bringen. Gehen Sie bei der Delegation behutsam, durchdacht und schrittweise vor, werden Ihre Bemühungen schließlich für alle Beteiligten durch verbesserte Leistung und Zufriedenheit der Mitarbeiter von Erfolg gekrönt sein. Ihre Mitarbeiter verändern sich

von Befehlsempfängern	➜	zu Mitdenkern,
von Durchführenden	➜	zu Gestaltern,
von Betroffenen	➜	zu Beteiligten,
von Untergebenen	➜	zu Mitarbeitern, die sich mitverantwortlich fühlen.

Beherzigen Sie einen Satz *Goethes:*

> **Es ist nicht genug, zu wissen,**
> **man muß es auch anwenden;**
> **es ist nicht genug, zu wollen,**
> **man muß es auch tun.**

Ausblick

Sie sind jetzt aufgerufen, *„anzuwenden"* und zu *„tun"*. Behalten Sie hierbei bitte auch immer diese alte Weisheit im Gedächtnis:

> **Wer ein Orchester leiten will, der muss andere spielen lassen!**

Stichwortverzeichnis

Allesdelegierer 69
Anerkennung 39, 42, 78, 116
Anfangsschwierigkeiten 107
Anforderungsprofil 89
Anspornfaktoren 41
Anweisung 92, 130
Arbeitsausführung 74
Arbeitstempo 98
Aufgabenbereicherung 42, 47
Aufgabenkomplexe 101
Ausgebranntsein 13
Ausfall des Vorgesetzten 57
Auslastung 88
Außergewöhnliche Fälle 76
Autorität 23, 74

Befugnisse 61
Beteiligung des Mitarbeiters 105
Betriebspate 72
Betriebsziele 38
Beurteilungen 73
Burn-Out-Syndrom 13

Coaching 53, 55

Dauerhafte Delegation 99
Delegation 15, 61, 93
Delegationsgespräch 103, 108
Delegationsumfang 79
Delegierbare Aufgaben 79
Detailfragen 78, 79

Stichwortverzeichnis

Dringlichkeit 35
Durchregieren 66

Ego-Needs 39
Eignungsprofil 90
Einführen 72
Einzelauftrag 130
Eisenhower-Prinzip 36
Entscheidungen 55, 82
Ergebniskontrollen 72, 114

Fachkompetenz 89
Fachpotenzial 49
Fehlerquellen 75, 107
Fehlerrisiko 116
Follow-up 125
Führungsaufgaben 50, 80
Führungsverantwortung 65

Handlungsspielraum 42
Handlungsverantwortung 43, 47, 61, 65, 66

Informationen 71, 105, 110
Innere Kündigung 49

Job-Enrichment 42

Kompetenzen 61
Konkurrenzangst 26
Kontrolle 26, 71, 78, 82, 98, 114, 122, 136
Kritik 78, 116

Leistungsniveau 54
Lieblingsaufgaben 23

Stichwortverzeichnis

Mitarbeiterziele 38
Motivation 37, 47, 92
Motivatoren 41

Nachbesprechung 125
Nicht delegierbare Aufgaben 79

Organisatorische Voraussetzungen 123

Papierkorb 36
Personalentwicklung 52
Planen 81
Prioritäten 35
Psychologische Bedürfnisse 39

Reifegrad 54, 91, 115, 133
Routineaufgaben 79
Rückdelegation 119

Sachlich-organisatorische Gegebenheiten 88
Selbstentfaltung 39
Selbstverwirklichung 39
Sicherheitsbedürfnis 31
Sperrstunden 36
Spezialisten 49, 50, 51, 56
Spezialistentätigkeiten 79
Stellenbeschreibung 124
Stichprobenkontrollen 72, 114
Stuhlsägekomplex 27

Tätigkeitsanalyse 84
Tarifrechtliche Auswirkungen 88
TWI-Methode 93

Stichwortverzeichnis

Überfordern 30, 97, 118
Überschneidungen 76

Umstellungszeit 117
Unangenehme Aufgaben 102
Undiplomatische Reaktion 127
Unentbehrlichkeit 59
Unterschriftsbefugnis 56, 117
Unterweisung 92
Unterweisungsmethode 93

Veränderungen 30, 103
Veränderungsmanager 104
Verantwortung 47, 61, 64, 89
Vertrauen 19, 26, 45, 106
Vorbehalte der Mitarbeiter 30
Vorbehalte des Vorgesetzten 17

Wichtigkeit 35, 107

Zeit 16, 34
Zeitanalyse 84
Ziel 38
Zielvereinbarung 81
Zuständigkeitsbereich 63

Literaturverzeichnis

Aigner, Gottfried: Mitarbeiter richtig motivieren, Düsseldorf 1987

Arbeitsgruppe Information: Informieren – Delegieren, Stuttgart 1970

Armstrong, Michael: Wie man ein noch besserer Manager wird, Wien 1996

Czichos, Reiner: Coaching = Leistung durch Führung, München 1995

Graichen, Winfried / Seiwert, Lothar J.: Das ABC der Arbeitsfreude, Offenbach 1996

Höhn, Reinhard: Führungsbrevier der Wirtschaft, Bad Harzburg 1977

Höhn, Reinhard: Der Weg zur Delegation von Verantwortung – Ein Stufenplan, Bad Harzburg 1979

Kratz, Hans-Jürgen: Mitarbeiterführung in der Verwaltung, Heidelberg 1987

Kratz, Hans-Jürgen: Anerkennung und Kritik, Wien 1997

Maddux, Robert B.: Erfolgreich delegieren, Wien 1994

Payne, John / Payne, Shirley: Richtig delegieren, Niedernhausen 1997

Literaturverzeichnis

Ryborz, Heinz: Schnellkurs Führung, Düsseldorf 1998

Seiwert, Lothar J.: Das neue 1x1 des Zeitmanagement, Offenbach 1998

Stroebe, Rainer / Stroebe, Guntram: Führungsstile, Heidelberg 1983

Thomas, Angela: Coaching in der Personalentwicklung, Bern 1998